Adolf Spiess

Reigen und Liederreigen für das Schulturnen

Adolf Spiess

Reigen und Liederreigen für das Schulturnen

ISBN/EAN: 9783742869173

Hergestellt in Europa, USA, Kanada, Australien, Japan

Cover: Foto ©Thomas Meinert / pixelio.de

Manufactured and distributed by brebook publishing software
(www.brebook.com)

Adolf Spiess

Reigen und Liederreigen für das Schulturnen

Reigen und Liederreigen

für

das Schulturnen

aus

dem Nachlasse von Adolf Spieß.

———

Mit einer Einleitung, erklärenden Anmerkungen und einer Anzahl von Liedern

herausgegeben von

Dr. K. Waßmannsdorff.

Frankfurt a. M.

J. D. Sauerländer's Verlag.

1869.

Vorwort.

Jede neue Turnschrift, die an turnerischem Wissen
ihren Vorgängerinnen nachsteht, setzt ihrem Verfasser
keineswegs ein Ehrendenkmal! —

～～～～～

Die Liederreigen sind bekanntlich die letzte Schöpfung Adolf
Spieß'ens für das Schulturnen gewesen; mitten in der Freude des
Sinnens, Findens und Erprobens riß ihn die tückische Krankheit, deren
Opfer er wurde, aus seiner Lehrerstellung im Kreise wackerer Schüler
und anstelliger Schülerinnen heraus, ehe er noch die letzte ordnende Hand
an alle die Ergebnisse legen konnte, die die neue Turnart ihm dargeboten.

Wie in einer Art Vorahnung, daß es ihm bei seinem Gesundheits-
zustande vielleicht nicht möchte möglich werden, das neue Uebungsgebiet in
allseitig erschöpfender Darstellung zu Buche zu bringen, hat Spieß ein
Jahr vor seiner entscheidenden Erkrankung angefangen, wenigstens diejenigen Reigen und Liederreigen aufzuschreiben, die die Probe praktischer
Verwendbarkeit bei dem Unterrichte bestanden hatten; — auch diese Aufzeichnungen sollten ein Bruchstück bleiben! — Daß auf seinem Todten-
bette Spieß gerade mir diese Erstlinge und Anfänge zu einem Reigen-
buche vermachte, das hat mich mit tiefer Wehmuth und wieder mit hoher
Freude erfüllt; einmal, weil ich es schmerzlich empfand, daß es dem so
reich begabten Freunde nicht vergönnt war, seiner Lieblingsschöpfung den
gewünschten Abschluß zu geben; sodann aber, weil ich in diesem Ver-
mächtnisse die letzte Anerkennung gemeinsamen Schaffens und Strebens
erkennen durfte, den letzten Liebesgruß des auf das Innigste mir stets
verbundenen Freundesherzens. — —

Oft schon wünschte man von mir die Veröffentlichung des Spießischen
Reigennachlasses; — ohne Anmerkungen, ohne Erklärungen wären Spieß'ens
Aufzeichnungen jedoch für alle Diejenigen kaum verständlich gewesen, die der

Darstellung dieser Reigen in dem Schulturnhause zu Darmstadt nicht ange=
wohnt; außerdem befriedigte mich, offen gesagt, manche Auffassung der
Reigenkörper in dem Spießischen Nachlasse nicht recht, ohne daß ich in
der Lage war, das nach meinem Gefühle Irrige richtig zu deuten.

Nachdem jedoch meine Bearbeitung der Ordnungsübungen — vergl.
S. V meines Buches über diese Turnart v. J. 1868 — mir einen
Einblick in das Wesen und die Zusammensetzung auch der verwickelteren
Ordnungskörper gewährt, war mir das Verständniß auch des in meine
Hut gegebenen Reigennachlasses erschlossen und ich konnte hoffen, wenn
ich den Wünschen nach Veröffentlichung der Spießischen Reigen jetzt ent=
spräche, durch Zusätze, Anmerkungen und Zeichnungen nicht nur dem
Verständnisse der Spießischen Aufzeichnungen zu Hilfe zu kommen, sondern
selbst dazu beizutragen, daß auch für die Zukunft eine irrige Auffassung
der Reigenkörper sich leicht werde vermeiden lassen.

Pietät gegen des Freundes letzte Turnarbeit, die nun endlich den
Fachgenossen vorgelegt werden kann — der Krieg von 1866 verhinderte
das frühere Erscheinen sowohl der „Ordnungsübungen" als auch der
Spießischen Reigen; s. das Vorwort zu den „Ordnungsübungen" von
1868 S. III — bestimmte mich zu einer unveränderten Wiedergabe
der Spießischen Handschrift, so weit diese eben reicht — s. S. 125 des
Buches; — selbst kleine Flüchtigkeitsfehler der ersten Niederschrift sind
stehen geblieben; einige irrige Kunstwörter habe ich dagegen unbedenklich
ausgemerzt, so das Wort „Hüftstütz" und „Schwenkhopsen" [1]). Hinzu=
fügen darf ich an dieser Stelle wohl, daß ich zu meinem Kunstworte
Windung für eine gewisse, vorher nicht erkannte (Wendungs= d. i.)
Drehungsweise eines Ordnungskörpers unabhängig von dem Worte
Windung der S. 81 gekommen bin.

Meine Zusätze zu dem Spießischen Terte und meine Einfügungen
in denselben sind an den hierfür gewählten eckigen Klammern [—] leicht
kenntlich; von den erläuternden Figuren gehören die der Seiten 12, 13
und 14; 32, 36, 47, 60, 63 und 64; 71, 82 und 83; 85, 86
und 87; 91, 93, 94, 103, 105, 122, 138 und 144 Spieß selber

---

[1]) Ich setzte dafür: Stütz der Hand (Handstütz) auf den Hüften und Schwenk=
hüpfen; auch Schottischgehen ist einige Male anstatt Kiebitzschritt gesagt. — Ich
habe schon oft bedauert, daß erst nach Spieß'ens Tode die Frage nach der
Vereinigung der Turnsprache sich mir aufgedrängt hat; Spieß und ich, wir
hätten auch in diesen Dingen uns sicher bald zur Einheit hindurch „geturnredet".
S. Kloss'ens Jahrbücher für die Turnkunst von 1858 S. 86.

an, die anderen stammen von mir her und ist für einen Theil
derselben die Nachsichtsbitte der S. IX meiner „Ordnungsübungen"
auch hier auszusprechen; zu den von mir hinzugefügten Liedern erfreute
ich mich meist älterer Aufzeichnungen von Spieß'ens eigener Hand zu
eigenem Gebrauche; einige Lieder habe ich nur aus dem Gedächtnisse
wiedergegeben. Die Freunde Spieß'ens werden, denke ich, auch die Mit=
theilung des Liedes S. 148 sich gern gefallen lassen, wenn schon zu dem=
selben eine Reigenschreitung nicht vorliegt.

Daß auch einige fremde Reigen — so von Dr. Weismann, von
F. Marr, von mir, — dem Spießischen Nachlasse eingefügt sind, hat
seinen Grund theils in der Absicht, zu gewissen Reigenformen einige
weitere Beispiele zu geben, theils in dem Bemühen, die richtige Auf=
fassung der Reigenkörper zu vermitteln.

Dürfte ich den künftigen Reigen=Beschreibern rathen, für die Erklä=
rung auch ihrer Reigenkörper stets die kleinsten Ordnungen heraus=
zufinden, die den Reigen darstellen können? Ist eine solche Ordnung, z. B.
ein Reihenkörpergefüge von zwei Reihenkörpern, wie in dem Reigen
S. 106, und in dem Marr'schen Loreleyreigen S. 87, so wird man
über das Wesen des ganzen Reigenkörpers und über die richtige Bezeich=
nung seiner Glieder sich bald klar werden; ein größerer Reigenkörper ist
eben nichts anderes als eine Ordnungsverbindung solcher kleinsten Reigen=
körper, mögen nun zwei oder beliebig viel derselben zur Darstellung des
Reigens vereint werden. Vergl. die Turnzeitung von 1868 S. 105.

Verstöße gegen die Ordnungslehre, die in Spieß'ens
Reigenbeschreibungen vorkommen, habe ich theils durch Einfügungen in
den Text verbessert, theils mittelst Ausrufungszeichen auf sie nur auf=
merksam gemacht; wo auch das nicht geschehen, wie z. B. S. 57:
„Nebenpaare der Viererreihen", werden, hoffe ich, die Kenner meiner
„Ordnungsübungen" alsbald das Richtige selber treffen: 4 Redner, zu
zwei Paaren (kleinsten Reihen) gegliedert, stellen nicht eine Reihe dar,
sondern einen Reihenkörper!

Wenden wir uns zu der Frage, ob Reigen auch bei dem Knaben=
turnen verwendet werden sollen, oder ob sie sich nur für das Mädchen=
turnen eignen, so möchten wir eine zu häufige Verwendung der Reigen
bei dem Turnunterrichte der männlichen Jugend, zumal der älteren Schüler,
nicht anrathen, förmliche Tanzreigen dagegen von dem Turnen dieser

Schüler vollständig ferngehalten wissen [1]); von den Liederreigen eignen sich dagegen einfache Schreitungen auch zu gewissen Canon's ganz wohl für die unteren Knaben=Classen, und selbst ältere Schüler finden an dem Müllerreigen (S. 65 f.) und an Ordnungsübungen, die sie reigen= förmig mit Gesang darstellen, (s. z. B. S. 103 die Schreitungen zu dem Mozart"schen: Wenn vom Schmucke der Waffen gezieret u. s. f.), wie ich aus der Erfahrung des Unterrichts weiß, wenn alles klappt und glückt, ein wirkliches Wohlbehagen!

Eine nachträgliche Bemerkung zu meinen „Ordnungsübungen" sei mir hier mit Beziehung auf Spieß'ens Angabe, S. 91, gestattet: eine Viererreihe habe eine Breite von vier — mittelgroßen — Schritten. Der Satz S. 4 meiner „Ordnungsübungen", die Breite und Tiefe einer ge= schlossenen Reihe betrage immer einen Schritt weniger als die Zahl der Gereiheten, ist in dieser allgemeinen Fassung nicht richtig, da er auf die Zweierreihe nicht paßt; für die Dreierreihe u. s. f. behält er jedoch seine, an dem praktischen Unterrichte stets auf's Neue erprobte Richtigkeit.

Einen Irrthum auf S. 137 meiner „Ordnungsübungen" in Betreff der S. 88 des Lion'schen „Leitfadens" (von 1866) habe ich hier noch gutzumachen; Lion spricht an der gedachten Stelle seines Buches nicht von einem einzelnen Reihenkörpergefüge, sondern von „Zusammen= fügungen" solcher Ordnungskörper.

Zu S. 21 und S. 113 des vorliegenden Buches selber bemerke ich berichtigend Folgendes:

a) $\frac{1}{2} \frac{1}{1} \Big| \frac{1}{2} \frac{1}{1}$ oder b) $\frac{1}{1} \frac{1}{2} \Big| \frac{1}{2} \frac{1}{1}$ oder $\frac{1}{2} \frac{1}{1} \Big| \frac{1}{1} \frac{1}{2}$

wird der bei a) dargestellte ursprüngliche Reihenkörper zweier kleinsten Reihen in einer anderen, und zwar in der bei b) angegebenen Zusammen= setzung aufgefaßt, so darf man wohl nicht von einem geschlossenen und einem offenen Paare reden, sondern von widergleicher Einordnung der Reihengenossen.

Zu meiner Darstellung des bekannten Polonaisen=ähnlichen, von Spieß in das Schulturnen eingeführten widergleichen Kreisumzuges von sich trennenden und zu größerer Ordnung sich vereinenden Gliedern

---

[1]) Vergl. auch S. 143 die Bemerkung gegen die Wechsel „Stern", „Ring" u. s. f. bei den Reigen für die männliche Jugend.

eines Reigenkörpers (S. 25 ff. und S. 48 [1]) mag Folgendes hier noch angemerkt werden. Schwenken, wie bei 2. der S. 26 angegeben, Gegenpaare zu einer Ordnung von zwei Nebenpaaren, so sind die 4 Rebner natürlich ein Reihenkörper, eine „Linie" zweier Paare — ; sieht man von der Entstehungsweise dieses Ordnungskörpers ab, verzichtet man auf das Fortbestehen der zwei Glieder desselben (das sich in besonderen Thätigkeiten der beiden kleinsten Reihen äußern würde), so läßt sich gegen die Auffassung und Bezeichnung der vier Rebner als e i n e r Viererreihe nichts einwenden — ob aber die Mehrzahl unserer Turnschriftsteller, die bei dieser Uebung von Viererreihen sprechen, der eben entwickelten Bedingung für die Richtigkeit dieser Bezeichnung sich mag bewußt sein? — Den acht Rebnern meiner S. 26 konnte kein anderer als der daselbst angedeutete Ordnungsverband (ein Reihenkörper=Gefüge aus zwei Reihen= körpern) gegeben werden, da (nach S. 28) diese Gliederung von Anfang an Z w e c k war und später auch für den sog. Durchzug durch die Mitte Bestand haben sollte: von Viererreihen u. s. f. durfte in diesem Falle gar nicht geredet werden, da jede 8 Hintergereihete (S. 27) schon vor Beginn der Uebung in derjenigen Ordnungsverbindung erkannt waren, die am Schlusse der Bewegung (3. S. 26) sich zeigt.

Die in dem Buche vorkommenden Schritt= und Hüpfarten im Einzelnen zu beschreiben, überhebt mich mein Aufsatz in der Turnzeitung von 1867: „Gang= und Hüpfarten, ein Beitrag zu einem Leitfaden für das Mädchenturnen." —

Heidelberg, den 12. August 1869.

Karl Wassmannsdorff.

---

[1] Maul's Ausdruck: „Lion'scher Umzug" („Lehrziel für den Turnunterricht an Knabenschulen, Basel 1868" S. 20) soll natürlich nicht den Sinn haben, Spieß habe diese Uebung von Lion entlehnt.

Druckfehler.

Seite	Zeile			
61	9 von oben	lies:		Achteln.
62	9	„ „		Schwenkhüpfen.
69	15	„ „	hieße es genauer:	„Kette im (Oval, im) Rirund.
113	5	„ „	lies:	frühere D. g. nun.
128	13	„ „		Thor, das.
143	3	„ „		Gasse); Stern.

Inhalt.

Reigen und Liederreigen.

Einleitung.

Mögen in alter Zeit die deutschen Reigen meist nur Ringtänze Mehrerer mit Gesang der Tanzenden gewesen sein, so verstehen wir nach Spieß'ens Vorgang jetzt unter Reigen in der Turnsprache einen Tanz Mehrerer, der ohne oder mit Gesang stattfinden kann; letzteren nennen wir Liederreigen. Giebt ein Einzelner schon bei seinem Tanze der erregteren Stimmung, die ihn beseelt und zum Tanze treibt, einen auf keinen äußeren Nützlichkeitszweck gerichteten, unmittelbaren Ausdruck, so dienen die bei den Reigen Mehrerer vorkommenden Ordnungsbeziehungen und Ordnungsbewegungen ebenfalls nicht dem Zwecke, die Ordnungsfertigkeit der Tänzer zu erhöhen; sie sind vielmehr ein Beweis von der zu einem freien Spiele sich steigernden Gemeinthätigkeit der zusammenwirkenden Reigner.

Schon die kleinste Reihe, ein einzelnes Paar, kann einen Reigen tanzen; eine eingehendere Beschreibung der hier möglichen Reigenformen könnte ihre Aufmerksamkeit mehr auf die Tanzbewegungen (die Freiübungen) der Einzelnen oder mehr auf die Ordnungsbeziehungen derselben richten. Da es nicht in der Absicht dieser Einleitung zu Spieß'ens Reigennachlaß liegt, eine abschließende und erschöpfende Aufzählung der möglichen Reigen eines Paares versuchen zu wollen, so mögen einige Beispiele wenigstens solcher Reigen hier eine Stelle finden, um den Lesern das Verständniß der unten folgenden schwierigeren Reigenformen zu erleichtern.

I. Reigen eines Paares mit besonderer Rücksicht auf die Freiübungen der Reigner.

1. Oeffnen und Schließen eines Stirnpaares.

Die Anfänge des Reigens dürfen wir schon in den einfachsten **widergleichen** (symmetrischen) **Bewegungen** der Einzelnen des Paares erkennen, selbst wenn diese dabei, an Ort hin und her sich bewegend, eine Mitte nicht umziehen.*) Z. B.:

6 Schritte an Ort (bei Antreten mit den äußeren Füßen: d. h. der L(inke) tritt l., der R(echte) r. an) wechseln mit 2 Wiegeschritten —: bei dem 1. Wiegeschritte öffnet sich das Stirnpaar; bei dem 2. schließt es sich wieder.

Fig. 1.

Statt des Wiegeschrittes wähle man etwa auch 3 Galopphüpfe hin und her; 1 Schwenkhupf hin und her (im $\frac{3}{4}$ Tact); 2 Kreuzhüpfe mit Schlußtritt; 1 Kreuzhupf und 1 Wiegehupf —: als **Drehübung** auch das Schrittzwirbeln (im $\frac{3}{4}$ Tact).

Ungleiche Freiübungen für die Bewegungen des Oeffnens und Schließens sind ebenfalls möglich, z. B. nach außen schrittzwirbeln, nach innen galopphüpfen; ebenso 1 Schwenkhupf (im $\frac{3}{4}$ Tact) hin und 1 Wiegeschritt her u. s. f.

---

*) Die alte Räthselfrage: „Was ist das Beste am Tanz?" mit der Antwort: „Daß man wieder umkehrt" beweist schon, daß als Bahn für den Tanz und Reigen nicht eine in's Ungemessene sich ausdehnende gerade Linie, sondern eine in sich zurückkehrende, eine zu einem Abschluß kommende Linie und Figur betrachtet werden darf; ein einfacher „Zug" (ein Vorbei-, ein Fest-Zug) ist darum auch kein Reigen. „Quae bene collocata sunt, si Motu gaudeant, movent per Circulum": Baco Verul. Nov. Organ. Sc. (Lugd. Batav. 1645, pag. 365).

Bei dem Umzuge des Stirnpaares um eine Mitte kann das Oeffnen und Schließen ohne Drehung der Einzelnen auch in Zickzacklinien (z. B. mit Dreitritt, mit Schottischhüpfen im ³/₄ Tact) erfolgen.

Daß Freiübungen in geradem Tacte (z. B. im ⁴/₄ Tact) für diese Bewegungen eines Paares ebenfalls angeordnet werden können, braucht wohl keiner besonderen Hervorhebung; z. B. nach 4 Schritten vorw. öffnet sich das Paar mit 1 Schottischschritt und schließt sich mit 1 solchem Schritt u. s. f.

Dieses Oeffnen und Schließen des Paares kann auch durch Freiübungen von einander getrennt sein: z. B. 4 Schritte (2 Schottischhüpfe) vorw.; hierauf Kreuzzwirbeln im Hüpfen mit 1 Wiegehupf (Spreizzwirbeln; 2 Kreuzhüpfe und 1 Wiegehupf u. dgl.) nach außen; Weiterzug des geöffneten Paares (auch mit einer andern als der ersten Bewegung) und Schließen nach innen.

Mit Rück- und Vorbewegung (oder umgek.) kann das Oeffnen und Schließen des Paares ebenfalls erfolgen: z. B. nach 4 Vorschritten drehen sich die Einzelnen gegen einander, öffnen und schließen ihre Stellung mit 1 Schottischhupf rück- und 1 Hupf vorwärts. Oder: 8 Schritte (4 Schottischhüpfe) vorw., an deren Schluß die Einzelnen sich den Rücken zukehren, wechseln mit 2 Schottischhüpfen vorwärts mit Oeffnen des Paares und Kehrung der Einzelnen und 2 Schottischhüpfen vorw. mit Schließen des Paares; u. s. w.

2. Wechsel der Vor- und Seitbewegung des tanzenden Paares, bei bleibender Schlußstellung desselben.

Z. B.: 4 Schritte vorw. bei Antreten mit den äußeren Füßen wechseln mit dem Weiterzuge mittelst 4 Galopphüpfen seitwärts; s. meine „Ordnungsübungen" S. 60 und 178.

Damit die Uebung möglich wird, drehen sich bei dem 4. Vorschritte die Nebner mit ¼ Drehung nach innen (der L. also r. und umgek.) zur Gegenstellung, ohne ihre Reihe zu öffnen:

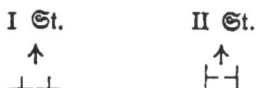

I St. II St.

Nach dem Galopphüpfen (wobei der frühere L. also I. seitwärts hüpft) kehrt die Nebenordnung des Paares zurück und es zieht in der Umzugsbahn weiter.

Fig. 2.

Für die Seitwärtsbewegung, die auch bei Handfassen und Arm-schwingen der Gegner geschehen kann, im $^4/_4$ Tacte ordne man auch

1 Galopphupf und 1 Schwenkhupf,
2 Galopphüpfe und 2 Seitschritte,
2 Schottischhüpfe,
1 Wiegeschritt mit 1 Nachtritt u. s. f.,

ja man bringe für die Seitenbewegung verschiedene Freiübungen in Wechsel, wie auch das Vorwärtsziehen bei diesen Uebungen nicht immer nur mit einfachem Gehen zu geschehen braucht.

Treten die Einzelnen des Paares mit den innern Füßen an, so kann die Weiterbewegung seitwärts auch mit Zukehren des Rückens geschehen. — Ein Wechsel des Zukehrens ist ebenfalls möglich, z. B.: 4 Schritte vorw. bei Antreten mit den inneren Füßen und (bei Zu-kehren des Rückens) 1 Schwenkhupf seitw. weiter mit Nachtritt; 4 Schr. vorw. mit Antreten der äußeren Füße, Schwenkhüpfen mit Zukehren des Gesichtes, u. s. f.

Wechselnd kehren bei der Seitbewegung die Gepaarten sich das Gesicht und den Rücken zu, wenn sie bei Antreten mit dem äußeren Fuße z. B. auf 4 Vorschritte (auf 2 Schottischhüpfe vorw. und dergl.), 2 Kreuzhüpfe mit 1 Wiegehupf (1 Schwenkhupf mit 1 Nachtritt u. s. f.) folgen lassen; hierbei tritt für den nächsten Weiterzug vorwärts der innere Fuß an.

Daß man nach der Vorbewegung auch seitwärts in die Bahn zurück ziehen kann, und zwar mit Zukehren des Gesichtes oder des Rückens, deuten wir nur an; wer will, mag die hier möglichen Uebungs-fälle selber finden. Hübsch sind bei der Seitenbewegung die Tanzbe-wegungen hin und her, z. B. nach 4 einfachen Schritten (bei Antreten mit den äußeren Füßen) hüpfen die Einzelnen als Gegner 1 Schottisch-hupf seitw. weiter, 1 Schottischhupf in die Bahn zurück u. ziehen darauf als Nebner weiter.

Für den $^3/_4$ Tact ordne man folgende Uebung:

Die Nebner ziehen (anstatt 8 einfache Vorschritte z. B.) bei ver-schränkten Armen und Anhüpfen mit den äußeren Füßen 2 Schottisch-hüpfe vorw. und nach einem Kehrt nach Innen bei verschränkt bleibenden Armen 2 Hüpfe rückw. weiter und drehen sich zur Gegenstellung vorlings gegen einander: nach 1 Schwenkhupf im ⁴/₄ Tact seitw. hin und her (zuerst weiter, dann in die Bahn zurück) oder nach 1 Schwenkhupf hin, 2 Kreuzhüpfen und 1 Wiegehupf her u. dgl. wird der Umzug fortgesetzt.

Für den ¹²/₄ Tact (4 ³/₄ Tacte): bei Antreten mit den äußeren Füßen 4 Dreitritte (2 Dreitritte und 2 Schottischhüpfe im ³/₄ Tact od. dergl.) vorwärts; Gegendrehung der Einzelnen und seit= wärts (weiter und dann in die Bahn zurück) 1 Schwenkhupf mit Wiege= schritt (1 Schwenkhupf mit Schrittzwirbeln). Oder: seitwärts nur weiter: 1 Schwenkhupf und Kehrt mit Dreitritt, mit Zukehren des Rückens bei der ersten Kehrung, mit Zukehren des Gesichtes bei der zweiten.

Vier ⁴/₄ Tacte nimmt folgende Bewegung in Anspruch:

Vorwärtsgehen bei Antreten mit den inneren Füßen; nach dem 3. Schritte Gegendrehen und Uebertreten mit den äußeren Füßen (die R. m. dem r., die L. mit dem l. Fuße); zwei Wiegehüpfe seitwärts hin (weiter) und her (zurück); Drehen zur Nebenstel= lung, Weiterzug 3 Schritte vorw. bei Antreten mit den äußeren Füßen, in der 4. Zeit Gegendrehen und Uebertreten mit den innern Füßen, 2 Wiegehüpfe seit= wärts (der erste in die Bahn zurück) u. s. f.

Fig. 8.

Die Verbindung dieser Reigenform (der Fortbewegung eines Paares mit Wechsel der Bewegungsrichtungen) mit dem Oeffnen und Schließen des Paares deuten wir durch ein Uebungsbeispiel nur an:

4 Schritte vorw. bei Antreten mit den äußeren Füßen; ¼ Drehung nach innen zur Gegenstellung der Einzelnen und Weiterzug mit 4 Galopphüpfen seitwärts; ¼ Drehung der Einzelnen zur ursprüng= lichen Stirnordnung der Einzelnen; Oeffnen und Schließen des Paares mit 1 Schwenkhupf und Nachtritt (2 Kreuzhüpfe und 1 Wiegehupf; 1 Schottischhupf und 1 Zweitritt mit ganzer Drehung u. s. f.) hin und her.

3. Wechsel der Fortbewegung des Paares ohne Walzen der Einzelnen mit dem Walzen derselben.

Drehbewegungen der Einzelnen sind bei den obigen Reigenzügen eines Paares schon vorgekommen; hier handelt es sich aber um ganze

Drehungen derselben; dieses Drehen bezeichnen wir nach Spieß'ens Vorgang mit dem Worte walzen.

Bei Autreten mit den äußeren Füßen wechseln 4 Vorschritte mit 2 Schottischhüpfen vorw., mit denen jeder Einzelne nach innen (aber in gerader Linie forthüpfend) eine ganze Drehung (der L. also r. u. f. f.) ausführt; auch mit ganzer Drehung nach außen. — Die Drehung kann auch mit 4 Hopserschritten ausgeführt werden.

4 Schritte und 2 Schottischschritte vorw. (vier ³/₄ Tacte) wechseln mit Schottischwalzen der Einzelnen vorw., wobei mit 4 Hüpfen jeder Einzelne 2 ganze Drehungen ausführt.

Verbindung mit den früheren Reigenformen:

z. B. mit dem Oeffnen und Schließen des Paares.

Hieher gehört schon die Ausführung der ganzen Drehung mittelst eines Kreisens, zunächst des Kreisens nach außen; z. B. auf 8 Vorschritte folgt nach außen ein Kreisen jedes Einzelnen mit 4 Schottischhüpfen (8 Galopphüpfen; mit zweimaligem Schwenkhupf und Nachtritt; mit zweimaligem „2 Krenzhüpfen und 1 Wiegehupf“, wobei während des Wiegehupfes gedreht wird, u. dgl.).

Während des Kreisens können die Einzelnen selber noch um ihre Längenare sich drehen; der R. z. B. macht bei seinem r. Kreisen mittelst 4 Schottischhüpfen den 1. Hupf seitwärts r., den 2. l. u. f. f.

Kreisen hierbei die Einzelnen nach innen, so umkreisen sie sich gegenseitig und es muß vorher ausgemacht werden, wer vor dem Nebner vorüberziehen soll. Vergl. meine „Ordnungsübungen“ S. 25.

Zu gleicher Zeit können die Nebner ferner miteinander (um eine gemeinsame Mitte) kreisen, wenn einer derselben Kehrt gemacht hat,

Fig 4.   Fig 5.

beide sich also dieselbe Seite zukehren: ist dies die r. Seite, so kreisen Beide (bei Vorwärtsbewegung) rechts. Dieses Mitkreisen Zweier bildet den bekannten Reigen=Wechsel „Rad", bei dessen Ausführung die Redner gewöhnlich die gleichen Unterarme einhängen.

Außer den in der Fig. 4 und 5 dargestellten Haltungen empfiehlt sich auch die Fassung der inneren Hände, die bei gesenkten Ellenbogen etwa in Schulterhöhe gehalten werden.

Wählt man keine Fassung, so können die Einzelnen auch während dieses Kreisens sich noch um ihre Längenaxe drehen. — Den einen Halbkreis durchziehe man mit Vor=, den anderen mit Rückwärtsbewegung; beim Rade rechts mit 4 Schottischhüpfen hat, wenn der erste Halbkreis rückwärts durchhüpft werden soll, der L. sich umzukehren (der l. Arm wird eingehängt); beim 2. Hupfe kehren Beide sich um und mit Reichen der r. Hand (Einhängen des r. Unterarmes) hüpfen Beide vorwärts. — Das Mitkreisen zweier Gegner mit seitwärts Bewegung bildet den Wechsel „Ring". — Hieran reihen wir das Umkreisen eines Redners, der an Ort bleibt, oder von Ort in gerader Linie (mit und ohne Drehung) sich bewegt; z. B. das Paar zieht 8 Schritte vorw., der R. kreiset l. mit 4 Schottischhüpfen um den L. (der etwa an Ort sich mit 8 Schritten l. dreht); Weiterzug Beider mit 8 Vorschritten, Kreisen r. des L. mit 4 Schottischhüpfen u. s. f.

Eine weitere Uebung im ¾ Tact: 1) 2 Dreitritte vorw. (die äußeren Füße treten an); 2) ganze Drehung nach außen mit 1 Spreiz= zwirbeln und Schließen des Paares mit 1 Dreitritt; 3) Gegenstellung der Einzelnen: hin und her (mit Weiterzug beginnend) 1 Schwenkhupf und 1 Wiegeschritt (1) und 2) je 6 Zeiten; 3) 12 Zeiten).

Im ⁴/₄ Tact: Gegenstellung der Einzelnen; Weiterzug seitw. mit 1 Schwenkhupf (bei Anhüpfen mit den ursprünglich äußeren Füßen) und Kehrung bei einem Nachtritte in der 4. Zeit (die Einzelnen des Paares stehen jetzt rücklings gegen einander); Weiterhüpfen seitw. mit 1 Schwenk= hupfe und Kehrung zur Gegenstellung vorlings bei dem Nachtritte. Die Paare öffnen sich mittelst 2 Schottischschritte rück= und vorwärts (2 ⁴/₄ Tacte). — Weiterzug mit Schottischzwirbeln (3 Schottischhüpfe mit einer ganzen Drehung und 1 Zweitritt an Ort).

II. Reigen eines Paares mit befonderer Rückficht auf die Ordnungsthätigkeit der Gereiheten.

1. Fortbewegung mit Drehen (Schwenken) des Paares.

Hierher gehören die fog. Rundtänze des gewöhnlichen Lebens. Die bei denſelben übliche „Faſſung" der Einzelnen beſteht darin, daß nach einer ⅛ Drehung der urſprünglichen Nebner nach innen, der Linke (der „Herr" bei den gewöhnlichen Tänzen) mit den Fingern der r. Hand hinter dem Rücken des R. vorüber deſſen r. Seite hält, der ſeinerſeits ſeinen l. gebeugten Arm auf den r. Arm des L. ſtützt, während die urſprünglich äußeren Arme der Tanzenden bei gegenſeitiger Handfaſſung ſchräg nach unten gehalten werden.

Fig. 6.

Gewöhnlich umzieht man bei dieſen Tänzen eine Mitte links und dreht ſich dabei rechts, indem die Tanzenden mit den (urſprünglich) äußeren Füßen an= hüpfen: ſo tanzt man das Schottiſch= hüpfen (im ⅔ und ¾ Tact); den Galopp; das ſog. Doppelſchottiſch und wie die Tänze zu geſelliger Vergnügung ſonſt noch heißen mögen. Eine ganze Reihe anderer Freiübungen könnte man ferner noch für ſolche Schwenkungen eines Paares im Umzuge verwenden, z. B. den Hopſerſchritt; 2 oder mehr Galopp= hüpfe ſeitw. und Drehung bei dem letzten Hupf; 1 Schwenkhupf und 2 Galopphüpfe mit 1 Nachtritt (im 6⁄4 Takt); 1 Schwenkhupf und 3 Galopphüpfe, u. ſ. f.

Das Walzen eines Paares mit 1 Schwenkhupf und 1 Drei= tritt nennt die Tanzſprache des gewöhnlichen Lebens „Polka=Ma= zurka" —: man führt dieſen Tanz gewöhnlich nicht mit fortgeſetztem Walzen (Schwenken) rechts, ſondern ſo aus, daß bei dem auf den erſten Hupf folgenden Dreitritte das Paar links, nach dem zweiten Hupf dagegen rechts dreht; es kann nämlich das Paar im Umzuge links nicht nur fortwährend auch „links herum" tanzen, ſondern wechſeldrehend nach einigen Schwenkungen rechts ebenſo viel Schwenkungen links folgen laſſen.

Daß ein Drehtanz der Art sich auch bei Aufeinanderfolge ver=
schiedener Freiübungen ausführen läßt, deuten wir nur durch ein
Beispiel an: das Paar walze fortgesetzt rechts mit 2maligem Schwenk=
hupf mit Nachtritt und dann mit 4 Schottischhüpfen; im ³/₄ Tact: 4
Schwenkhüpfe mit r. Drehen folgen auf 4 Schottischhüpfe mit r. Drehen
(oder umgekehrt), u. s. f.

Tanz des Paares mit und ohne Walzen desselben.

Die Tanzvergnügungen des gewöhnlichen Lebens gewähren durch
den Umstand, daß gewöhnlich von einer in der Umzugslinie sich befin=
denden Säule von Stirnpaaren nur einige Paare wirklich tanzen (nach
einigen Umzügen reihen sie sich hinten, unten, an die Säule an), wäh=
rend die anderen bis auf ein Zeichen des Tanzleiters an Ort stehen, die
nöthige Abwechslung zwischen Anstrengung und Ruhe.

Bei gleichzeitigem Tanze aller Paare kann dieser Rücksicht auch da=
durch genügt werden, daß auf eine gewisse Zahl von Walzdrehungen der
Paare eine ebenso lang dauernde ruhigere Bewegung der Einzelnen ohne
Drehen eintritt, wozu natürlich einfaches Gehen (je nach dem Rhyth=
mus des Tanzes im ³/₄ oder ³/₄ Tact) am besten sich empfiehlt. Ein
einfaches Beispiel veranschauliche die Sache: Schottischwalzen des Paares
mit 4 Hüpfen (im ³/₄ T.) und Weiterzug des Stirnpaares ohne Drehen
mit 8 Schritten (4 Schottischschritten) u. dergl.

Zu großer Enge des Tanz= oder Reigensaales, die ein zeitweises
Zuschauen mehrerer tanzlustiger Paare nöthig macht, kann dadurch ab=
geholfen werden, daß die tanzenden Paare in Windungen den Saal
durchziehen — ein recht hübsches Ordnungsbild entsteht hierbei, wenn
nur in den einen Linien gewalzt, in den anderen ohne Drehen des Paares
fortgezogen wird.

Aus Spieß'ens Nachlaß seien einige hieher gehörende Figuren von
Tanz=Bahnen mit Spießen's eigener Erklärung eingereiht:

„Mittwoch, 22. März 1854.

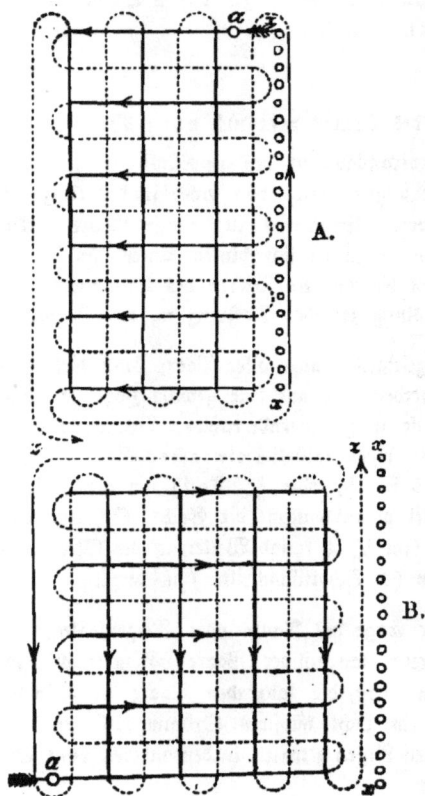

A.

Bewegungslinie für ziehende Paare.
xooooox Grundstellung der Paare.
a. Einzug in die Schlängellinie a—z.
z. Auszug in die Schlängellinie a—z.

——————— Linien durch welche die Paare walzen und tanzen.

················ Linien durch welche die Paare gehen.

A schließt sich an: B.

Ohne Unterbrechung kann von (A)z fortgetanzt werden, so daß nun die Paare in (B)z Einzug halten und von a bis z tanzen, so daß die Paare in der Grundstellung xx bei B enden.

25. März 1854.

Nach dem Schlängeln durch die Tiefe und Länge der Säule von Paaren, ziehen alle Paare in Linie [also Paar neben Paar] durch die Tiefe in graden Linien walzend hin, und gehend her, 2 Mal bis sie wieder bei A in der Grundstellung stehen.

A.

Bewegungslinien für tanzende Paare aus der Grundstellung xx be=ginnend durch die geraden Linien von F nach P. Aus der Linie mm ziehen die gehenden Paare heraus, indem sie in die Linie m k ein=biegen. Sobald 1. (bis 10.) Paar [als Säule] eingezogen sind, tanzen zuerst diese 10 Paar zugleich mit Richtunghalten durch die geraden Linien von N nach O, ebenso folgen dann die Paare 11—20 durch diese Linien, sobald alle 10 Paare in m k eingezogen sind. An der

Linie x x ziehen sofort die 20 Paare in die Grundlinie x x ein, worauf
sie in der Versetzung [Verkehrung der Einreihungsfolge] bei

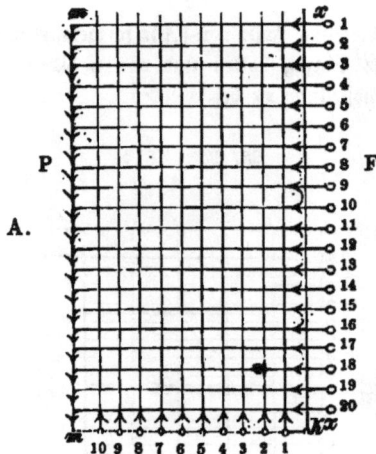

A.

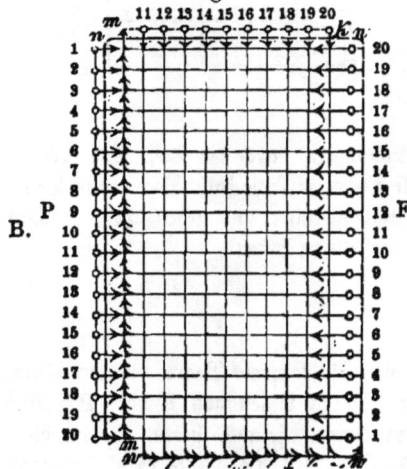

B.

angekommen, durch die Linien von F nach P tanzen. Aus der Linie m m ziehen die Paare in die Linie m k (bei B). Sobald 20. bis 11. Paar eingezogen sind, tanzen zuerst diese 10 Paare durch die Linien von O nach N, dann ebenso die Paare 10 bis 1 Aus der Linie w w biegen dann zuerst die Paare 20 bis 11, und dann die Paare 10 bis 1 in die Grundlinie x x ein, durchziehen dieselbe, biegen bei n ein und durchziehen n n, biegen bei m ein und ziehen durch diese ganze Linie von m bis m, worauf alle Paare wieder in den geraden Linien von P nach F in die Grundlinie und Grundstellung, die wiederhergestellt ist, zurücktanzen." — So weit Spieß an dieser Stelle.

Hat man bei den Rundtänzen den Zweck des Ausruhens nicht, so ergeben sich Tanzformen des Paares, von denen einzelne der Gesell= schaftstanz auch schon kennt:

a) bei derselben Freiübung walzt das Paar bald, bald nicht, z. B. 8 Schottischhüpfe mit r. Walzen wechseln mit 8 Schottischhüpfen in der Umzugsbahn, wobei der urspr. Rechte rückw., der Andere vorw. hüpft.

4 Schwenkhüpfe mit r. Walzen (im ³/₄ Tact) wechseln mit Weiterzug seitwärts in der Umzugsbahn auf Dauer von 4 Schwenkhüpfen, wobei nicht gedreht wird.

b) bei dem Drehen des Paares und der Bewegung der Einzelnen ohne Drehen werden verschiedene Freiübungen angewendet; z. B.: Walzen mit viermaligem „Schwenkhupf und Dreitritt (Schottischhupf)". — „Polka=Mazurka" mit gleicher oder wechselnder Schwenkrichtung des Paares; acht ³/₄ Tacte — wechselt mit 8 Schwenkhüpfen der Gegner seit= wärts weiter in die Bahn.

Statt der 8 Hüpfe seitwärts ordne man z. B. auch nur 4 Hüpfe und lasse nach jedem Hupf die Gegner einen ³/₄ Tact lang an Ort stehen und die gegenseitig gefaßten Hände hochheben u. s. f.

Das Walzen des Paares kann auch mit dem Drehen der Ein= zelnen in Wechsel treten, z. B.:

Nach 4 Schottischhüpfen mit r. Walzen löst das Paar seine Fassung und die Einzelnen hüpfen mit Drehen weiter; nach 4 Hüpfen faßt das Paar sich wieder zum Drehtanze u. s. f.

Natürlich kann auch die Drehbewegung der Einzelnen beginnen: als Beispiel gebe ich einen recht schönen Tanz eines Paares. Die Nebner drehen sich in die Gegenstellung und hüpfen in die Bahn 2 Kreuzhüpfe und 1 Wiegehupf, indem sie, Gegner bleibend, bei dem Wiegehupf, dessen Richtung eine schräge ist, r. kehrt machen; nach Wiederholung dieser Freiübung (also nach zwei $\frac{4}{4}$ T.) stehen die Tänzer wieder in ihrer ursprünglichen Gegnerstellung; bei dem ersten Seithüpfen mögen sie sich die linken Hände reichen und den rechten Arm seitschwingen, bei der 2. Seitenbewegung fassen sich die r. Hände. — Hierauf folgt die gewöhnliche Fassung der Tänzer und irgend ein Drehtanz, z. B. Schottisch-Walzen mit 4 Hüpfen.

Vergl. die Fig. 7, die, wenn man die Linke in der Kreuzschrittstellung r. (den r. Fuß vor dem linken) denkt, die Stellung des Paares bei Beginn des Tanzes versinnlichen mag.

Verbindet man mit dem Walzen des Paares und den Einzelbewegungen der Tänzer noch die widergleichen, die Stellung des Paares öffnenden und schließenden Bewegungen derselben, die wir oben beschrieben, so ergiebt sich hieraus eine reiche Fülle von Reigenformen eines Paares, deren umfassende Aufzählung jedoch von uns nicht unternommen wird. Um der Erfindungskraft der Leser in diesen Dingen ein wenig zu Hilfe zu kommen, geben wir jedoch eine kleine Anzahl von Beispielen:

Die Einzelnen eines Stirnpaares hüpfen seitwärts nach außen einen Schwenkhupf und kehren mit 1 Dreitritt (bei Aufschwingen der Arme) sich den Rücken (oder das Gesicht) zu; mit derselben Bewegung seitwärts schließt sich das Paar, um darauf mit gewöhnlicher Tanzfassung von Ort 4 Schottischhüpfe zu walzen.

Mit den äußern Füßen antretend geht das Stirnpaar im Zehengange 4 Schritt rückw., öffnet sich mit 1 Schottischschritt schräg vorw. und schließt sich (in Zickzackbewegung) mit 1 Schottischschritte; hierauf folgt r. Walzen des Paares mit 4 Schottischhüpfen.

4 $\frac{4}{4}$ Tacte nimmt folgende Thätigkeit des Paares in Anspruch: auf dem äußeren Fuße drehen sich die Stirn-Einzelnen des Paares zur Gegenstellung und mit Antreten des andern Fußes gehen beide 4 Schr.

rückw., ziehen seitw. hin und her (zuerst in die Bahn zurück) mit je 1 Schottischschritt, und schließen ihre Stellung mit 4 Vorschritten, worauf 2 Schottischschritte (=hüpfe) hin= und her (zuerst mit Weiterzug) folgen.

Nachträglich wäre zu bemerken, daß der Drehtanz eines Paares auch mit anderer Fassung der Einzelnen als der oben beschrie=benen geübt werden kann, z. B. mit Handreichen der Gegner bei ge=kreuzten Armen; mit fortwährendem oder auf einige Takte sich einschrän=kendem Loslassen der äußeren Hände u. s. f.

Unsere Figur 8 stellt ein tanzendes Paar nach einem Schwenkhupfe

Fig. 8.

seitwärts dar; das geschwungene (äußere) Bein berührt am Schlusse jedes Hupfes mit den Zehen den Boden, —

Führt bei dem oben S. 14 angegebenen Tanze mit 2 Kreuzhüpfen und 1 Wiegehupf und Reichen der I. Hand das Gegner=Flankenpaar eine halbe Schwenkung r. aus, so reichen sich beide für ihre nächste ½ Schwenkung r. mit derselben Freiübung die r. Hand, worauf die erste Stellung des Paares wiederkehrt und dieselbe Fortbewegung ohne Schwenken des Flankenpaares um seine Mitte (mit Drehung der Einzelnen, ohne Handreichung) folgen kann oder ein Dreh= (Schwenk=)Tanz mit irgend einer Fassung der Reigner.

2. Reigen mit Reihung in dem Paare.

Bei vorlings (d. h. vor dem Körper) verschränkten Armen kann in der kleinsten Stirnreihe ohne Handlösung ein fortgesetztes Nebenreihen r. (oder l.), mit Vorüberzug des Einen vor dem Andern, stattfinden; diese Ordnungsübung, deren zweimalige Aufeinanderfolge hin und her Spieß „Wickeln" *) nannte, kann mit dem Drehtanze des Paares und den Tanzbewegungen der Einzelnen verbunden werden; z. B.:

die Einzelnen des Stirnpaares hüpfen nach außen 1 Schwenkhupf mit Schlußtritt und mit derselben Freiübung nach innen (zwei 4/4 Takte). Weiterzug: 2mal 1 Schottischschritt vorw. und 1 Zweitritt an Ort (2 Takte

---

*) Ein freilich nicht schönes Wort; wickeln braucht man in Süddeutsch=land auch für essen! —

= 8 Zeiten). Schottischwalzen des Paares mit gewöhnlicher Fassung, 4 Hüpfe: zur Stirnstellung des Paares mit Armverschränken. Links Neben= reihen des R. (mit l. Kreisen) mit 2 Schottischhüpfen (der L. hüpft auch vorwärts oder geht einfach 4 Schritte vorw.); hierauf zurückreihen des früheren R. auf seinen ursprünglichen Platz. Bei der Wiederholung des Ganzen reihet sich der Linke hin und her.

Oder: bei der Reihung des R. hüpft der L. einen Schwenkhupf mit Nachtritt r. und führt dann alsbald die Nebenreihung l. aus, während der ursprüngliche R. rechts von Ort hüpft.

Was man Tanz mit Fassungswechsel nennt, kann auch als eine Form des Nebenreihens in dem Paare betrachtet werden. Oben haben wir angedeutet, daß man auch ohne gegenseitiges Ineinanderlegen der äußeren Hände die gewöhnlichen Rundtänze ausführen könne, wobei also die inneren Hände ihre gewöhnliche Lage behalten; sollen nun diese Lage und Fassung die bisher freien Hände annehmen, so ist dies ohne Stel= lungswechsel der Tanzenden nicht möglich, falls diese Stirn nach derselben Richtung behalten sollen; eine der Tanzenden wird an Ort bleiben (z. B. die Rechte), die andere (die Linke) wird sich bei Aufgeben der früheren Fassung neben sie reihen und die erste Fassung in der Weise hergestellt werden, daß die jetzige Rechte ihre r. Hand an den Rücken der Linken legt.

Während des Rundtanzes kann dieser Fassungswechsel z. B. mit Schottischhüpfen so ausgeführt werden, daß bei Beginn des Tanzes die R. stehen bleibt, die L. mit 1 Hupf (1 Schottischschritt) sich mit Fassungs= wechsel neben sie reiht, worauf mit dem 2. Hupfe das Nebenreihen mit Fassungswechsel von der früheren R. geschieht; nach 2 Tacten Fort= walzens mit gewöhnlicher Fassung wiederholt sich der Fassungswechsel. — Den freien Armen mag je eine Uebung, Hochheben, ein Kastagnetten= klapp, sind die Turnerinnen mit solchen Geräthen versehen, und Aehn= liches aufgegeben werden.

Man tanze auch so: Stellungs= und Fassungswechsel mit Schwenk= hüpfen (im $\frac{4}{4}$ Tact) oder 4 Galopphüpfen der Einen; Fortwalzen Beider mit 2 Schottischhüpfen, Stellungs= und =Fassungswechsel der Anderen u. s. f.

Wechselt man bei dem Schottischwalzen die Fassung bei jedem Hupfe, so läßt sich von einem Nebenreihen (mit Ausweichen etwa der einen Führerin) nur wenig erkennen.

Oben haben wir der Uebungsform gedacht, wo der Drehtanz des Paares durch einfache Fortbewegung ohne Drehen, des Ausruhens und der Abwechslung von heftigeren und milderen Bewegungen wegen, unter=

brochen wird; daß hierbei auch ein Stellungswechsel, also eine Art Umreihung der Fortziehenden vorkommen kann, möge den Lesern ein einzelnes Blatt aus Spieß'ens Nachlaß zeigen, das ich hier einfüge, wenn schon dasselbe von einem Drehtanze des Paares (der etwa auf das einfache Fortgehen desselben folgen kann) nicht redet.

„Reigentänze der Säule von Paaren.

1) Bei Fassung der innern hochgehaltenen Hände zwei Schwenk-hüpfe mit Doppelschwenken seitwärts, dann 4 Schritte Vorwärtsgehen und dann Stellungswechsel mit Händegeben rechts mit 4 Schritten.

Je mit vier $^4/_4$ Tacten Wiederholung dieser Schreitungen.

Ebenso im $^3/_4$ Tact [wo bei dem Schwenkhüpfen nur einmal geschwenkt wird und das Gehen ebenfalls im $^3/_4$ Tact geschieht].

2) Wie bei 1, doch so, daß im ersten Tacte ein Schwenkhupf mit Doppelschwenken, im zweiten Tacte ein Spreizzwirbeln nach Außen gemacht wird; im dritten und vierten Tacte wie bei 1.

Je mit vier $^4/_4$ Tacten Wiederholung dieser Schreitungen.

Ebenso im $^3/_4$ Tacte [mit den nöthigen Abänderungen des Hüpfens und Gehens].

3) Wechsel je mit den Schreitungen bei 1 u. 2 nach je 8 Tacten.

Ebenso im $^3/_4$ Tact.

4) Die Einzelnen machen während der beiden ersten $^4/_4$ Tacte Schrittzwirbeln mit Schlußtritt [also im $^4/_4$ Tact] nach Außen und Innen, ziehen dann im dritten Tacte mit 4 Schritten vorwärts und machen dann im 4. Tacte mit 4 Schritten den Stellungswechsel mit Händegeben rechts.

Je mit vier $^4/_4$ Tacten Wiederholung dieser Schreitungen.

Ebenso im $^3/_4$ Tact.

5) Die Einzelnen machen während der 4 ersten $^3/_4$ Tacte Schritt-zwirbeln mit Schlußtritt und Kibitzschritt nach Außen und Innen, mit den folgenden zwei $^3/_4$ Tacten machen dieselben dann 2 Schwenkhüpfe und dann während der letzten zwei $^3/_4$ Tacte 3 Schritte Vorwärtsgehen und mit 3 Schritten Stellungswechsel mit Händegeben rechts.

Je mit acht $^3/_4$ Tacten Wiederholung dieser Schreitungen.

6) Wie bei 5, nur so, daß das Ziehen nach Außen und Innen während der 4 ersten $^3/_4$ Tacte mit Kreuzzwirbeln und Wiegeschritt gemacht wird.

7) Wechsel je mit den Schreitungen bei 5 und 6.

8) Die Einzelnen während des ersten ⁴/₄ Tactes Schleifhops nach Außen und Innen, während des zweiten ⁴/₄ Tactes ganze Drehung nach Außen mit 2 Schottischhüpfen, dann 4 Schritte Vorwärtsgehen und im vierten ⁴/₄ Tact Stellungswechsel mit Händegeben rechts.

Je mit vier ⁴/₄ Tacten Wiederholung dieser Schreitungen."

———

2. Reigenbewegungen (sog. Wechsel) von Vieren.

Für seinen Aufbau der Reigen nahm Spieß gewisse Gemein= thätigkeiten kleinerer oder größerer Ordnungsglieder oder Glieder eines Reigenkörpers an, die er (in dem Sinne des Tanzwortes „Tour"), ihrer — gewöhnlich sich wiederholenden — Ausführung seitens einander ge= wissermaßen ablösenden, also mit einander abwechselnden Darsteller wegen, „Wechsel" nannte; gewisse künstlichere, anstrengendere Bewe= gungen, die auf einfachere, leichtere Thätigkeiten der Reigner folgen und mit ihnen in Wechsel treten.

Zu solchen „Wechseln" eines Paares kann selbst das durch Zwi= schenbewegungen anderer Art unterbrochene Walzen eines Paares von dem wir oben geredet, sowie die Kreisbewegungen der Ein= zelnen (das Umkreisen des Einen durch den Anderen; das gleichzeitige Kreisen Beider um verschiedene Mitten oder um dieselbe Mitte wie bei dem sog. „Rade", s. oben S. 9; die „kleine Kette" u. s. f.) gerechnet werden. Näheres über die sog. „Wechsel" eines Paares findet sich in A. Spieß'ens „Turnbuch für Schulen". II. (Basel, 1851) S. 367 f.

Auf die mannigfachen „Wechsel" von vier Reignern, deren durch Zwischenbewegungen unterbrochene Aufeinanderfolge schon einen größeren Reigen zusammensetzt, wollen wir hier nur hindeuten, da Spieß'ens Turnbuch deren an dem angeführten Orte schon eine schöne Zahl aufführt und Spieß einige neue in seinem unten folgenden Reigen= Nachlaß selber beschrieben hat.

Nur die Ordnungsbeziehungen, die die Vierzahl von Reignern zuläßt, wollen wir hier genauer angeben.

1. Stehen die Vier in Stirn, so erscheinen sie

a) als eine Viererreihe bei Bildung des sog. Ringes (d. i. einer Kreisreihe) und des Sternes (d. i. eines Flankenringes, bei dem der 1. dem 3., der 2. dem 4. etwa auch die Hand reichen kann; die rechte Hand z. B., wenn der „Stern r." ausgeführt wird).

Man versuche: 8 Schritte der Stirnreihe an Ort wechseln mit Ring l. mittelst 8 Galopphüpfen seitw. r.; nach 8 Zwischenschritten der geraden Stirnreihe wird r. im Ringe gehüpft.

Man lasse während des Ringhüpfens die Einzelnen auch um ihre Längenare walzen, z. B. mit Schottischhüpfen.

b) Bilden die vier Nebner einen kleinsten Reihenkörper, so kann die „Linie" der zwei Paare folgende Zusammensetzung haben:

1) Je zwei zunächst stehende Nebner bilden ein Paar. Die hier möglichen Wechsel sind etwa das Umkreisen des r. Paares um das l. (u. umgek.) und das gemeinsame und gleich= zeitige Kreisen der Stirnpaare, welches in dem Wechsel „Mühle" als ein Schwenken der „Linie" erscheint, wobei die Paare nach entgegengesetzter Richtung Stirn haben. Vergl. meine „Ord= nungsübungen" S. 122.

Kreiset in einem Paare der L. z. B. vor dem R. vorüber, so kreiset er rechts; links kreist er dagegen, wenn er zuerst hinter ihm vorüberzieht. Dies übertrage man auch auf das Kreisen von Reihen.

2) Die beiden Aeußeren bilden das eine, die beiden Inneren das andere Paar: ⊥ ⊥ ⊥ ⊥

Wechsel: Kreisen der Inneren nach außen z. B. mit 4 Schottischhüpfen, wobei die Aeußeren an Ort bleiben, oder auch sich schließen (z. B. mit 2 Kreuzhüpfen und Wiegehupf; mit Schwenkhüpfen u. s. f.) und sich wieder öffnen.

Kreisen der Aeußeren nach innen: wobei die Inneren seitwärts hin und her sich öffnen und wieder schließen.

Durch (unmittelbare, oder durch eine Zwischenbewegung mittelst Gehens an Ort, oder eine Seitenbewegung unterbrochene) Aufeinanderfolge nachstehender Wechsel können vier Stirn=Nebner füglich schon einen Reigen tanzen, obwohl keine eigentliche Fortbewegung des Reigenkörpers statt= findet:

1) Kreisen der R. jedes Stirnpaares (⊥ ↑ ⊥ ↑; z. B. mit 4 Schottischhüpfen); hierauf Kreisen der L.

2) Rad jedes Paares (⊥ ⇄ ⊥) r. und dann l.

3) Kreisen der r. Paare (der Linie ⊥ ⊥ ⊥ ⊥), mit 4 Schottisch=
Hüpfen; hierauf der l. Paare.

4) Kreisen des inneren Paares; hierauf des äußeren Paares.

5) Mühle beider (End=)Paare; zuerst r. (⊥ ⊥ ⊤ ⊤), dann l.

6) Ring der Vier r., dann l.

7) Stern der Vier r., dann l.

Aus der Linie bilde sich durch Viertelschwenkung der Paare die
Säule und zwar

1) durch eine gleiche Schwenkung der Reihen die Stirn=Säule.

I St. ⊥ ⊥ ⊤ ⊥   II St. ⊣⊢ / ⊣⊢

Hier sind nun wieder die „Wechsel" des Umkreisens von verschiedenen Gliedern des Reigenkörpers möglich: die Einzelnen jedes Paares
(jeder Reihe) können für sich (um ihre Nebner herum), oder mit einander
(im „Rad") kreisen; mit Oeffnen und Schließen (also mit widergleichem
Kreisen der Einzelnen nach außen) kann die vordere Reihe die hintere
(sich öffnende und darauf sich schließende Reihe) umkreisen; das ganze
vordere Paar kann das hintere umkreisen, u. s. f.

2) Durch ¼ Schwenkung nach innen („Ordnungsüb." S. 121)
bilde sich aus der Stirn=Linie der Neben=Paare die Säule der Gegen=
Paare.

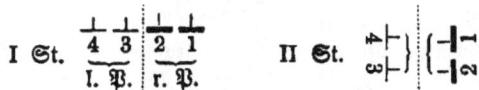

I St. ⊥ ⊥ ⊥ ⊥ / 4 3 2 1 / l. P. r. P.   II St. ...

Zu den verschiedenen Wechseln des Kreisens Einzelner und ganzer
Paare (wobei auch die sog. „Schrägen" der Säule, 1 u. 3, 2 u. 4 in
Verkehr mit einander treten können) werden hier u. A. eigenthümliche
Formen des Platzwechselns der Einzelnen und der Paare möglich.
Vergl. die „Ordnungsüb." S. 24.

Die sog. „kleine Kette" der Gegner (des 1. und 4.; des 2.
und 3.: auch die sich drehenden Nebner können mit diesem Wechsel ihren
Ort verändern) besteht darin, daß bei der „kleinen Kette rechts" beide
Gegner mit Reichung der rechten Hand und rechts Vorüberzug an einander, je eine (mehr oder minder enge) Halbellipse durchziehen (mit 2 Schottischhüpfen, 4 Schritten u. dgl.). Nach Lösung der rechten Hand und R. umkehrt
kann alsbald oder nach gewissen Thätigkeiten der Reigner auf ihrem neuen

Orte durch „kleine Kette links" der frühere Standort der Gegner wieder eingenommen werden.

Mit Halbring rechts und links, mit Halbstern rechts und links können die (Stirn= und Flanken=)Paare selber ihren Platz wechseln und wieder einnehmen; ebenso Gegen=Paare mit wechselndem Oeffnen und Schließen, welchen Wechsel Spieß einfach „Oeffnen und Schließen" nannte und dessen Beschreibung unten folgt.

Der unten ebenfalls vorkommende Wechsel „Thor" beruht auf dem Mitkreisen zunächst zweier Gegner ohne Drehung um ihre Längenare; kreisen beide rechts, so ziehen sie (anfangs schräg links vorw. sich bewegend) zuerst rechts an einander vorüber und wechseln so ihre Plätze („Ordnungsüb." S. 24); um wieder auf den ersten Platz zu gelangen, müssen sie mit rückwärts Bewegung links an einander vorüber= ziehen; bei der ganzen Uebung mag zuerst die rechte, alsdann die linke Hand gereicht werden. — Soll das ursprünglich rechte Paar unserer beiden Gegenpaare (oben 2) II St.) das „Thor" zuerst bilden, so reichen sich der 1. und 2., sich öffnend, die inneren Hände; findet das drehungslose Kreisen der einzelnen Gegner zuerst rechts statt, so hat bei dem Hinzuge der 3., bei dem (rückwärts) Herzuge der 4. das Thor des 1. und 2. mittelst Vorbeugens zu durchschreiten.

Ebenso verhält es sich mit dem Wechsel des sog. „Durchkreuzens" von nebengeordneten Flankenreihen; schon ein einzelnes Stirnpaar kann die hier nöthige Thätigkeit ausüben („Ordnungsüb." S. 25); sie ist nichts anderes als ein Mitkreisen zweier Nebner ohne Drehung derselben. Ge= schieht das Kreisen Beider rechts (z. B. mit 8 Galopphüpfen), so zieht der Linke bei dem Hinwege vor, bei dem Herwege hinter dem Rechten vorüber.

––––––––

Nicht übersehen möge man, daß eine zweite Paarbildung bei der Säule der Gegenpaare möglich ist, insofern durch entsprechende Viertel= drehung der eine Rotte bildenden Gegner zu Nebnern sich Rotten=Paare, die in Stirn stehen, gestalten:

I St. Reihen=Paare $\quad$ II St. Rotten=Paare

Daß die einzelnen Gegner dieser Rotten=Paare und diese Paare selber ebenfalls verschiedene „Wechsel" mit einander tanzen können; daß die (fast ohne Zeitaufwand, oder wenigstens ohne Zeitverlust, weil in

der letzten Zeit eines Wechsels mögliche) Wiederherstellung der ursprüng=
lichen Gegenpaare die Durchführung derselben oder anderer Wechsel seitens
beider Gliederungen möglich macht; sodann die ebenfalls schnell thunliche
Umgestaltung der Gegenpaare in einen (Stirn= oder Flanken=) Ring und
die Vornahme von Wechseln, die dieser Ordnung möglich sind, möge dem
Leser einen Blick auf den gewaltigen Reichthum von Reigenformen er=
öffnen, die schon der kleinen Gliederung von vier Einzelnen zu einem
Reigenkörper sich darbieten.

Bilden hintereinander gereihete Paare nicht eine einfache Säule,
sondern gehören je 2 Paare zu einander, ist also die ganze Ordnung ein
Reihenkörper=Gefüge, so kann auch während des Umzuges (und
selbst abwechselnd mit dem Rund= oder Drehtanze der Paare) ein
einfacher Reigen getanzt werden, bei dem nach und nach die verschiedenen
Gliederungen der kleinen Reihenkörper ins Spiel treten; z. B.:

nach 8 Vorwärtsschritten umkreisen in jedem Paare die Rechten
ihre Nebner links mit 4 Schottischhüpfen; dasselbe Kreisen rechts führen
nach einer Zwischenbewegung Aller mit 8 Schritten die Linken jedes
Paares aus; nach 8 Zwischenschritten umkreiset nach außen das vordere
Paar jedes Reihenkörpers das hintere, sich öffnende und schließende Paar,
ebenfalls mit 4 Schottischhüpfen; — Zwischenbewegung von 8 Schritten;
Kreisen des hinteren Paares nach innen um das sich öffnende und schließende
vordere Paar; Zwischenzug und Stirn=Paarbildung aus den Hintern
(den Gerotteten) jedes Reihenkörpers und Umkreisen mit Oeffnen und
Schließen, wobei die Art der Ausführung genauer anzugeben ist, und die
der Mitte der Umzugsbahn näheren Nebner das innere Paar, die An=
deren das äußere Paar heißen können; weitere Wechsel, die hierauf von den
Vieren der kleinen Reihenkörper ausgeführt werden könnten, sind schon
angedeutet, andere folgen noch unten; — selbst eine dem Rundtanze
eines Paares entsprechende Fortbewegung ist einem Stirn=Ringe von
Vieren nicht unmöglich.

Die Kette.

Dem aus zwei Gegenpaaren sich bildenden Ringe (zunächst einem
Flankenringe)

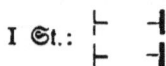

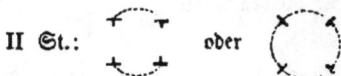

I St.: II St.: oder

ist auch die Kette im Kreise möglich: bei der Kette rechts ziehen, in=
dem sich die Nebner der Reihen durch Drehung nach innen zu Gegnern

umstellen, diese wie bei der „kl. Kette rechts" (ohne oder mit Reichung der rechten Hand) rechts aneinander vorüber, und wechseln (nach Los= lassung der Hand) ihren Stellungsort, ohne sich umzukehren; die neuen Gegner wechseln weiterziehend im Kreise (etwa mit Reichung der linken Hand, also) mit Vorüberzug links ihren Platz und schließlich erreicht (nach 4 Schottischhüpfen; nach 8 Schritten) jeder Einzelne seinen ursprüng= lichen Stellungsort wieder. Die einzelnen Gegner ziehen rechts und links wechsel=halbkreisend an einander vorüber — (nach der Richtung des ersten Halbkreises erhält die Kette ihren Namen, in Uebereinstimmung mit der Bezeichnung des Rades, des Sternes rechts und links u. s. f.); obwohl Alle in Schlängellinien sich von Ort bewegen, so kreisen im Ganzen genommen Diejenigen rechts, deren rechte Seite dem Mittelpunkte zuge= kehrt ist, die Anderen links.

Leichter erlernt sich die Kette im Kreise, wenn nicht vier Einzelne, sondern wenn in größerer Anzahl etwa Paare, oder Dreier= und Vierer= reihen einander gegenüber stehen; das nöthige Ausweichen begreifen übrigens die Schüler am besten wohl bei dem Durchzuge geöffneter Säulen durch die gegenseitigen Abstände mittelst Kette, wenn solche Ord= nungen in Kreisbahnen gegen einander ziehen.

Die allmälige Bildung derartiger Gegen=Säulen aus einer einzelnen Reihe aller Reigner bezeichnet man öfters noch vielfach unrichtig, darum mögen folgende Bemerkungen über diesen Gegenstand hier einen Platz finden.

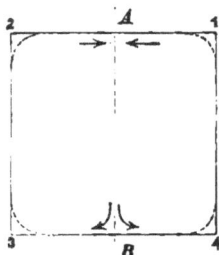

Läßt man eine Flankenreihe, die sich im Umzuge links (von 1 nach 2, 3, 4 und wieder nach 1 des obigen Uebungsraumes) befindet, durch die sog. „Mitte" des Uebungsplatzes (von A nach B) ziehen (gehend, hüpfend, mit Drehen; auch seit= und rückwärts), am Ende dieser Mittel= linie (bei B) sich rechts und links „theilen", wie man sagt, d. h. jeden

Ersten bei B rechts (nach 3, 2 u. s. w.) ziehen, jeden Zweiten links den Umzug (nach 4 u. s. w.) fortsetzen, so treffen der Erste und der Zweite der ursprünglichen einen Flankenreihe als Gegner bei A zusammen; durch Vierteldrehung beider Gegner nach B wird aus ihnen ein Stirnpaar.

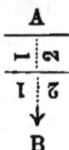

$$\frac{A}{\underset{B}{\downarrow}}$$

Es folgt 2.: Durchzug von Paaren durch die Mitte: dem führen=den Stirnpaare schließen sich nämlich alle ebenfalls aus 2 Gegnern her=vorgehende Paare an.

Nach der sog. „Theilung der Paare rechts und links" bei B (d. h. jedes 1. Paar zieht rechts, jedes 2. links: also ergeben sich sog. Einer= und Zweier=Paare, gerade und ungerade Paare, worüber „Ordnungsüb." S. 73 Anm. nachzusehen ist!) treffen bei A Gegenpaare zusammen, die durch ¼ Schwenkung nach B Nebenpaare werden; wie man gewöhnlich sagt „Viererreihen" (!):

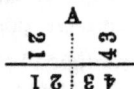

3. Durchzug der Nebenpaare durch die Mitte und sog. Theilung derselben rechts und links. Bei A stehen alsdann vermeintliche Vierer=reihen einander gegenüber, die durch ¼ Schwenkung nach B vermeint=liche Achterreihen werden:

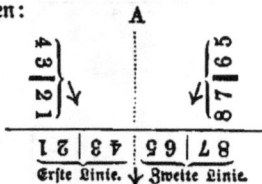

Erste Linie. ↓ Zweite Linie.

Begnügen wir uns mit der Bildung von Ordnungen aus 8 Nebnern auf diesem Wege, was ist dann die sog. Flankenreihe Aller, von der wir ausgingen? Besteht sie überhaupt aus einem Vielfachen von Acht, so ist sie ein gar zusammengesetzter Ordnungskörper, also durchaus keine Reihe Einzelner: jede Gliederung von 8 in Flanke Stehenden in ihr ist näm=lich ein Reihenkörper=Gefüge, eine „Linie" aus 2 „Flanken=Linien" d. h. eine Linie aus 2 in Linie stehenden Flanken=Reihenkörpern; die vordere

Flanken-Linie wie die hintere ist ein Zweireihenkörper und jede Reihe eine kleinste Flankenreihe d. i. ein Flankenpaar.

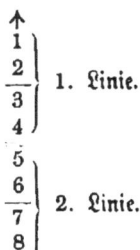

```
      ↑
      1 ⎫
      2 ⎪
     ─── ⎬  1. Linie.
      3 ⎪
      4 ⎭

      5 ⎫
      6 ⎪
     ─── ⎬  2. Linie.
      7 ⎪
      8 ⎭
```

Die Rückbildung der auf die oben beschriebene Weise entstandenen Säule von scheinbaren Achterreihen in die scheinbare Flankenreihe Aller geschieht gewöhnlich auf die Weise, daß nach Durchzug der Mitte die zusammengefügten (in „Linie“ stehenden) Zweireihenkörper, wie man auch hier sagt, bei B sich „theilen“, d. h. nach außen ihren Kreisumzug machen, bei A jeder für sich schwenken und der ursprünglich hintere Reihenkörper sich zur Säule des ganzen Gefüges hinter die ursprünglich vordere Linie reihet (a); worauf scheinbar Viererreihen die Mitte durchziehen; sich auf entsprechende Art zu scheinbar einzelnen Paaren umgestalten (b), bis schließlich die Stellung Aller (c) einer einzelnen Flankenreihe gleicht:

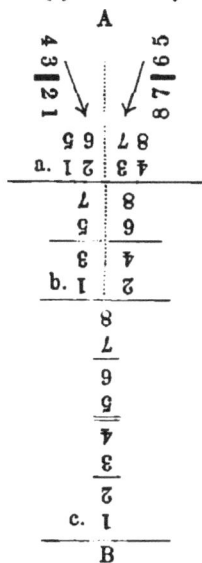

```
                    A
    4 3 | 2 1        5 6 | 9 5
         ↓          ↓
        6 5 ┊ 8 7
   a. 2 1 ┊ 3 4
        ─────┊─────
         7   ┊ 8
         5   ┊ 6
         3   ┊ 4
   b. 1 ┊ 2
        ─────┊─────
             8
             7
             6
             5
             4
             3
             2
   c. 1
        ─────────
             B
```

Will man aus einer wirklichen (also annoch ungegliederten —!! —) *)
Flankenreihe Einzelner, die durch eine Mitte hindurchzieht, mittelst Kreis=
umzuges nach außen alsbald Doppelpaare (also Reihenkörper) bei A
gegenüberstellen und soll dabei das 1. Doppelpaar rechts, das nächste
links kreisen, so kann dieser Reihenkörper durch ¼ Drehung links alsbald
die richtige Stirnordnung gewinnen, während die ersten Vier anstatt
des einfachen R. um eine etwas zusammengesetztere Thätigkeit vornehmen
müssen, nämlich nach der Drehung rechts ein links Nebenreihen mit
Ausweichen der Ersten:

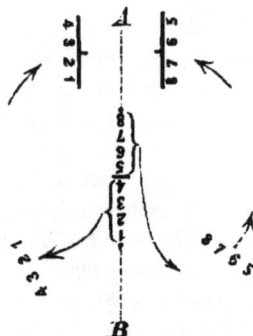

Daß man auf entsprechende Weise aus einer die Mitte einer Um=
zugsbahn durchziehenden scheinbaren Flankenreihe auch Ordnungskörper
einander entgegenstellen kann, deren kleinste Glieder Reihen von unge=
rader Zahl (Dreier=, Sechserreihen u. s. f.) sind, ist leicht einzusehen;
ebenso, daß man die bei A zusammentreffenden Ordnungen durch ¼
Drehung der Einen und ¼ Drehung der Anderen mit entsprechender
Hinterreihung wieder als scheinbar einzeln in Flanke Stehende durch
die Mitte führen kann.**)

Bei diesen widergleichen (symmetrischen) Kreisumzügen der Hälften
eines Ordnungskörpers möge für den Durchzug durch die Mitte eine
Tanz=, für den eigentlichen Umzug eine Ruhebewegung geordnet werden.
Ziehen Stirn=Paare durch die Mitte, so können diese alle oben von
uns beschriebenen widergleichen und Tanz=Formen mit und ohne Drehen
der Einzelnen, den Schwenktanz der Paare und alle sog. Wechsel tanzen,

---

*) Vergl. die „Ordnungsübungen". S. 7, S. 68, S. 71, S. 137.
**) Vergl. ferner die Turnzeitung von 1866 S. 145 ff. und S. 184.

die einzelnen Paaren in der Fortbewegung möglich sind; ist die Mitte durchtanzt, so wechselt jedes Paar von selbst zum ruhigen Gange (oder zu der für den Umzug festgesetzten Bewegung, z. B. zum Schwenkhüpfen seitwärts mit Dreitritt und Drehen hin und her), wie ebenso jede bei A zusammentreffende 2 Einzelne bei Bildung ihrer Nebner- oder Paar- schaft die Tanzbewegung der vor ihnen die Mitte Durchziehenden von selber aufnehmen. Nehmen wir unser obiges Beispiel von 8 Einzelnen, S. 27 b. (d. h. ein Reihenkörpergefüge von 4 Paaren) an, so kann jedem Paare eine andere Reigen- oder Tanzbewegung für den Durchzug der Mitte aufgegeben werden. Die eine größere Zahl von Reignern beanspruchen- den Wechsel (Mühle, Stern u. s. f.) werden beim Durchzug durch die Mitte getanzt, wenn zwei Nebenpaare (eine scheinbare Viererreihe, S. 27 a.) diesen Zug ausführen; weitere Wechsel eignen sich für den Zug der beiden Neben-Linien S. 26 unten, u. s. f.

Doch kommen wir endlich auf den Durchzug zweier Hälften eines, wie oben angegeben entstandenen, in einer Kreisbahn einander entgegen- gezogenen Reigenkörpers durch die gegenseitigen Abstände der Glieder des- selben, auf den Durchzug mit Kette.

Stehen zwei Säulen je von Nebenpaaren (bei Armverschränken sind je 4 Nebner, äußerlich betrachtet, einer Vierer-Stirnreihe gleich) wie bei A der letzten Figur einander gegenüber, so ziehen bei der Kette rechts in einem Halbkreise von links nach rechts zuerst diese ersten Reihenkörper rechts an einander vorüber; die nächste (3 Schritt Abstand haltende) Linie zweier Nebenpaare weicht rechts (hin) aus und zieht links kreisend an der linken Seite des entgegenkommenden ebenfalls links halbkreisenden Doppelpaares vorüber; in entsprechender Weise geben nacheinander alle Doppelpaare ihren einfachen Kreisumzug gegen eine Schlängelbewegung im Kreisumzuge auf, bis ihnen schließlich kein Gegen-Doppelpaar ent- gegenzieht, dem sie auszuweichen hätten, und jede Reigenhälfte einfach wieder im Kreisumzuge etwa aneinander vorüberziehen mag (auch nach Oeffnung der Nebner Einzelne an Einzelnen vorüber) oder den Durch- zug durch die Mitte folgen läßt, oder auch eine Wiederholung der Kette, wofür sich auch die Stirn-Linie der Doppelpaare in eine Flanken-Linie zweier Flankenpaare durch Reihung verändern kann.

Bilden entgegenstehende Doppelpaare (etwa bei A unserer Figur) je eine offene Linie, und ziehen die inneren (d. h. die dem Mittelpunkte der Umzugsfläche näheren) Paare wie die äußeren Paare für sich durch ihre Abstände mit Kette, so wird dieses Durchschlängeln wohl auch

Doppelkette genannt. Bei der Kette mit Oeffnen und Schließen mögen zunächst die (bei B) rechten Doppelpaare (bei A) jedes als geschlossene Linie zwischen die sich öffnende Linie jedes entgegen= kommenden Doppelpaares hindurchziehen, worauf sie ihre Stellung öffnen, um die nächstbegegnende geschlossene Linie hindurch zu lassen, während die führende Linie der linken Doppelpaare als sich schließende Linie inmitten der sich öffnenden zweiten Linie der Gegen=Doppelpaare hinzieht, u. s. f.

Zu noch künstlicheren Kettenformen eignet sich am besten wohl die Aufstellung von Gegnern, von Gegenpaaren, Gegenviererreihen u. s. f. im Kreise; diese Kette im Kreise möge auch seitwärts, sogar rück= wärts gezogen werden; mit sog. Halbstern, mit Halbring, mit eigentlichem Walzen von Paaren, möge sie getanzt werden; ferner stelle man bei dieser Kette im Kreise verschiedene Gliederungen (Stirn= und Flankenreihen) einander gegenüber; nach einigen Halbkreisen mit Weiter= zug unterbreche man die Kette durch Tanz der Einzelnen, durch „Wechsel" der Paare und Gegenpaare an Ort oder von und zu der Kreismitte und anderen Formen mehr, so viel deren der Schönheitssinn der Reigenordner finden und die Tanzfertigkeit der Reigner zum freien, mühelosen Spiel gestalten, zur schönen Darstellung bringen mag; eine äußerst wohlgefällige Form der Kette im Kreise von Gegenpaaren, die sog. „Kette der Nebner und Gegner", findet sich unten noch näher beschrieben.

Ehe ich nun die Spieß'schen Reigen in der Ordnung, in der Spieß sie aufgeschrieben, folgen lasse, bemerke ich, daß der schöne sog. „Gassen= reigen", mit dem Spieß'ens Aufzeichnungen beginnen, die letzte Frucht vielfacher Versuche und Anfänge gewesen ist; unter Andern gingen ihm Reigen in einer sog. „Gasse" voraus, die von nebengereihten Paaren von Gegnern in der Weise getanzt wurden, daß, wenn das eine Paar die Ersten, das entgegengesetzte die Letzten waren, von den Ersten an die Gegner sich schließend die Mitte der Gasse ihrer Länge nach mit ver= schiedenen „Wechseln" tanzend durchzogen, am Ende derselben sich theilten und sich wieder „unten" anreiheten.

Die Ersten.   Die Letzten.
(Oben.)   (Unten.)

Ebenso können ursprüngliche Nebenpaare, die, hintereinander stehend, eine Säule von Linien bilden, — vergl. „Ordnungsüb." S. 139 — durch Viertelschwenkung gegen die Mitte des von ihnen gebildeten Reihenkörper=

Gefüges sich „in Gasse“ gegenüberstellen und durch die Gasse hindurch tanzen. Die hierbei noch nicht zum Tanze kommenden Gegner oder Gegenpaare brauchen auch nicht immer an Ort zu bleiben; mit Gehen oder mit künstlicherem Tanze (also auch mit Drehen) können sie nach den Ersten ziehen und vom früheren Stellungsorte der Ersten aus ihren Durchzug durch die Gasse beginnen. Ein widergleiches Tanzen der Mittelpaare nach außen mit Schließen der Nebner nach der Mitte und das Gegenstück hierzu verdient ebenfalls Beachtung. —

So gehörte von früh an (schon von Basel an — von diesem Orte meines Zusammenlebens und Zusammenwirkens mit Spieß weiß ich es wenigstens genau) zum Wesen der Spieß’schen Reigenbildung das Abwechseln künstlicherer Bewegungen und Gestaltungen von Reigenkörpern mit einfacheren Gliederungen und Fortbewegungsweisen derselben; aus dem Durchzug durch die obige Gasse mit bestimmten „Wechseln“ ergab sich der Tanz der Gegner und Gegenpaare der Gasse an Ort, nach Ausführung eines rechtwinklig auf die Gasse erfolgten einfachen Hinzuges auf die sog. äußeren Male (a. M.; a. M.) und einem Herzuge in die erste Stellung der Gegner auf den sog. „inneren Malen“ (i. M., i. M.): eine die Ausführung der „Wechsel“ trennende Bewegung, die Spieß mit Rücksicht auf ihren zweiten, wichtigeren Theil „das Begegnen“ nannte; — nach genauerer Erwägung der verschiedenen Reigenmöglichkeiten, die das Trennen und Zusammentreffen der Gegner und Gegenpaare in der Gasse auch auf anderem Wege als in geraden Linien hin und her zur Erscheinung kommen lassen (z. B. mittelst Zug im Vierecke, wie bei dem unten beschriebenen großen Dreivierteltact=Reigen) fand Spieß schließlich für alle, die sog. „Wechsel“ von einander trennende Bewegungen der Reigner das umfassende Kunstwort Zwischenbewegungen, Zwischenzüge. Endlich ergab sich den „Wechseln“ kleinerer Gliederungen im Reigenkörper gegenüber, wie sie von Paaren und Doppelpaaren im Reigen getanzt werden, der Gegensatz der sog. „großen Wechsel“, bei denen alle den Reigenkörper zusammensetzenden kleineren Glieder, die bei den „kleinen Wechseln“ nur mit einander thätig sind, in umfassenden, ihre Einheit als Gesammt=Reigenkörper aussprechenden Verkehr treten, so daß durch Zwischenzüge unterbrochene kleine und große Wechsel der Reigner die an sich einfache Grundlage selbst für die verwickeltsten Formen Spieß’scher Reigenbildung darbieten.

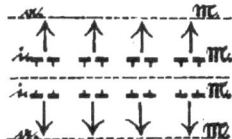

Sollte ich schließlich, da ich angegebener Weise die Spieß'schen Reigen in der von ihrem Urheber gewählten Aufzeichnungsordnung belasse, eine Art Stufenfolge besonders für die Liederreigen aufstellen, so würde man die zu einfachen Folgeliedern (Canon's) passenden Schreitungen an Ort wohl als die leichtesten Sanges-Reigen zu betrachten haben; daran könnten sich die mit einfacheren Ordnungsveränderungen (Reihungen, Schwenkungen, Vorüberzügen u. s. f.) der Reigner darstellbaren Liederschreitungen reihen, im Umzuge sowohl als an Ort (auch in der aus der Säule und „Gasse" gebildeten Kreuzform); hieran schließen sich die Kreis- und Vierecksreigen und die verwickelteren Schreitungen einer mannigfaltiger gegliederten Ordnung nebengereiheter Flankenreigenkörper; zur letzten Reigenstufe gehören neben den zusammengesetzteren Liederreigen auch die schwierigeren Tanzreigen, wie diejenigen sind, mit denen Spieß'ens Beschreibung beginnt und schließt.

———————

Als eine Art Vorbereitung auf die in den Dienst des Schulturnens gestellten Liederreigen des Spieß'schen Nachlasses mag die Aufzeichnung zweier Reigen folgen, die Spieß auf den Wunsch von Bekannten und Freunden zusammengestellt hat, welche gerade von ihm, dessen schöne Schulreigen sie kennen gelernt hatten, einen Reigentanz zur Vorführung bei ihren Karnevalvergnügungen sich wollten lehren lassen. In welcher Weise Spieß in den Jahren 1851 und 1852 diesem Wunsche Darmstädter Schul- und Reigenfreunde entsprochen, möge er nun selber darstellen:

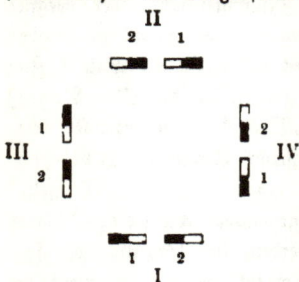

„Reigen von vier Doppelpaaren
in der Ringaufstellung.
Getanzt auf dem Maskenball bei Merk.
Darmstadt, 10. Februar 1851.

I. Wechsel.		⁴/₄ Tact.
Einer-Paare (I II) Rechtsumwalzen mit (8) Schottischhüpfen		4
Ebenso (III IV)		4
Zweier-Paare (I II)		4
Ebenso (III IV)		4

16

II. Wechſel. ⁴⁄₄ Tact.

I und II Stirnreihen 4 mal Rechtsſchwenken mit je
    8 Schritten und Rechtskehrt bei verſchränkten Armen 8
III und IV ebenſo 8
                                      16

III. Wechſel.

I und III mit II und IV in Linie mit Händehochfaſſen
    zweimal begegnen 8 Kibitzhüpfe 4
I und IV mit II und III ebenſo 4
Stern (von Doppelpaaren) an den Ecken rechts und links
    8 Schottiſchhüpfe 4
Ring rechts und links der Doppelpaare an Ort mit 16
    Galopphüpfen 4
                                        16

IV. Wechſel.

Alle Doppelpaare in Stirn bei verſchränkten Armen wäh=
    rend des Umzugs in der Kreislinie rechts 4 [lies 2] Mal
    je 8 Schritte Gehen und dann mit 4 Schottiſch=
    hüpfen ganze Schwenkung rechts und dann im
    Wechſel links 16
                                64 ⁴⁄₄ Tact."

Bemerkungen von W.

Jede 4 Nebner (in jedem Paare ſteht l. der Herr, r. die Dame) bilden einen Reihenkörper, eine „Linie" zweier Nebenpaare; die vier Linien ſind mit römiſchen Ziffern bezeichnet. Die linken Reihen (Paare) jeder „Linie" hat Spieß als „Einer-Paare", wie er ſie nennt, mit der Ziffer 1, die anderen mit 2 bezeichnet.

Bei dem I. Wechſel walzen die linken Paare der Gegen-Linien I und II gleichzeitig r. um die Mitte des Vierecks; nach 4 (⁴⁄₄) Tacten tanzen ebenſo die linken Paare der Gegen-Linien III und IV; darauf nach einander die rechten Paare der Gegen-Linien.

II. Wechſel: in den Gegen-Linien I und II verſchränkt man die Arme, ſo daß die 4 Nebner je als eine einzelne Stirnreihe erſcheinen; beide Linien erreichen nach 4 gleichzeitigen Viertelſchwenkungen r. ihren erſten Stellungsort wieder. Damit beide Linien fortgeſetzt r. ſchwenken können, muß am Schluſſe jeder Schwenkung Löſung der Hände und Kehrung r. der Einzelnen erfolgen. Viererreihen brauchen ſonſt zur Viertelſchwenkung 4 Schritte; hier aber ſind zu jeder Schwenkung 8 Schritte beſtimmt. Die Linie I ſteht nach der 1. Schwenkung vor der Linie IV, nach der 2. auf dem Platze der Linie II u. ſ. f.; Linie II ſchwenkt zuerſt vor die Linie III, dann auf den Platz der Linie I u. ſ. f.

3

III. Wechsel: die Linien I und III schwenken ebenso wie die Linien II und IV zur Gegenstellung mit 2 Kibitzhüpfen, so daß sich eine „Gasse" in der einen Gere (Diagonale; s. Jahn's Turnb. S. 165) des Vierecks bildet; dieses

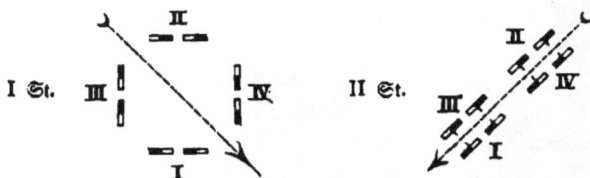

Gegenüberstellen nannte Spieß „Begegnen". Mit dem nächsten Tacte (2 Kibitz-hüpfe rückwärts) verbreitert sich die Gasse; das Verengern (Begegnen mit 2 Vor-wärtshüpfen) wiederholt sich und das zweite Erweitern der Gasse endet mit der Wiederherstellung des Vierecks, worauf die Gasse in der rechts gehenden Gere gebildet wird. — Für den „Stern an den Ecken" schwenken die Reihen (Paare) aller 4 Linien von einander nach außen, so daß die einander nächsten Eckenpaare Gegenpaare werden; das rechte Paar der Linie I wird Gegenpaar des s. Paares der Linie IV u. s. f. — Den Ring bilden je 4 Nebner der Linien.

IV. Wechsel: Damit der Umzug r. und l. um die Mitte des Vierecks mög-lich werde, müssen die vier Stirn-Linien das eine Mal mittelst Schwenkung l. ihre r., dann mittelst Schwenkung r. ihre l. Seite der Mitte zukehren; für jeden der beiden Umzüge stehen 32 Zeiten zu Gebot, also können bei jedem derselben 8 Schritte und 4 Schottischhüpfe (= 16 Zeiten) nur 2 Mal vorkommen; Spieß'ens „4 Mal" ist nur ein Schreibfehler.

„Reigen von vier Doppelpaaren in Ringaufstellung.

I. Wechsel.

	³/₄ Tact.
Die Herren I und II links 3 Schlaghopse und Zweistampf hin und rechts ebenso her (Handstütz auf den Hüften).	8
Die Damen desgl.	8
I und II mit Hochfassen in Stirn mit Rechtsantreten 3 Wiegeschritte und Zweistampf zum Begegnen hin und ebenso her	8
und dann Begegnen aller Stirnpaare an den Ecken mit gleichen Schritten	8
Das Gleiche von III und IV	32
	64

II. Wechsel.

	³/₄ Tact.
Alle Herren im Kreise (rechts) 3 Schlaghopse und Zwei-stampf links hin und rechts her	8
Alle Damen im Kreise (links) rechts hin und links her das Gleiche	8
I und II in offener Stirn rechts durchkreuzen hin mit 9 Laufschritten und Zweistampf und Kehrt . . .	4
und dann III und IV das Gleiche	4
I und II durchkreuzen her	4
und dann III und IV durchkreuzen her	4
	32

Die Kette aller Stirnpaare nach Außen rechts mit je 3 Wiegeschritten und Zweistampf Rechts antreten und links Antreten im Wechsel bis zum halben Kreis-umzug	8
dann großer Ring Aller und seitwärts links 3 Schlaghopse und Zweistampf hin und seitwärts rechts her . .	8
Sofort wieder Kette bis zum ganzen Umzug	8
und dann großer Ring Aller links und rechts	8
	64
	128

Erklärende Bemerkungen von W.

I. Wechsel. Es scheint, als ob das Schlaghopsen ebenso wie das sog. Be-gegnen der Gegen-Linien zur Mitte hin zu erfolgen habe, so daß die Herren wie die Damen nach einem Zukehren gegen den an Ort bleibenden Tanzgenossen sich seitwärts nach und von der Mitte bewegen.

II. Wechsel. Die im Kreise (mit Stirn gegen die Mitte) seitwärts hüpfen-den Herren werden hinter den an Ort bleibenden Damen, diese vor den Herren vorüber hüpfen. Das „im Kreise (rechts)" soll darauf hinweisen, daß bei der Bewegung links ein Rechts-Kreisen stattfindet.

Für das sog. Durchkreuzen (es ist ein einfacher Platzwechsel der Gegner mit Vorüberzug l.) müssen sich die Gegen-Linien und die einzelnen Reihen jeder Linie öffnen, so daß die 4 Nebner einer offenen Viererreihe äußerlich gleich sehen.

Bei der Kette nach außen haben die Neben-Paare jeder Linie zur Gegenstellung rücklings zu schwenken.

Der „Ring Aller" vorlings zur Mitte Stehender mit Hand-Hochfassen tritt als Unterbrechung der Kette im Kreise alsdann ein, wenn die Gegen-Linien ihre Plätze gewechselt haben, Linie I also auf dem früheren Stellungsorte der Linie II steht u. s. f.

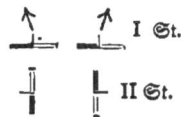

"**Reigen zum Maskenball, Samstag 23. Februar 1852. Darmstadt.**

R. Reigenkörper der 8 in Gasse gestellten Paare.

Das Spiel der Wechsel treiben miteinander:

Die Doppelpaare: { der Gegenpaare I. ——————
der Nebenpaare II.

Die Doppelpaare: { der beiden inneren Paare III. ⌒
der beiden äußeren Paare IV.

Die Vierpaare A, je 2 Neben= und Gegenpaare. ——————

Die Achtpaare R, der ganze Reigenkörper bei verschiedenster Glie=
derung.

zz u. z.z. Innere Male, für die Grundstellung in der Gasse.
yy u. y.y. Aeußere Male, für die geöffnete Gasse beim Hinzuge.
oo Bewegungslinien für den Hin= und Herzug der Begegnenden.
xx Kreis für die Stellungen und Bewegungen im großen Ring.

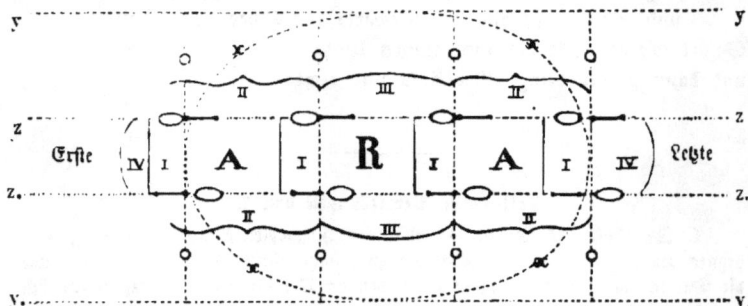

Erstes Begegnen: Kehrt der Paare nach Innen, Hin= und Herzug mit
Gehen [8 und 8 Schritte] und erstem Stampftritt
[Betonen jedes ersten Schrittes beim Hin= u. Herzuge.]

Zweites „ Hinzug mit Rechts= und Linkswalzen der Paare, Her=
zug Schottisch mit Zu= und Abkehren.

Drittes „ Schottisch mit Kehrtmachen bei verschränkten Armen
der Paare beim Hinzug, Zu= und Abkehren beim
Herzug.

Viertes , Kehrtmachen Aller, Händehochfassen beim Hinzug,
Kehrtmachen und ebenso beim Herzug.

Fünftes Begegnen: Händefassen beider Linien und zweimaliges Begegnen im Her- und Hinzug und Enden in Stellung auf den äußeren Malen.

NB. Je vor einem „Wechsel" und so je vor fünf Wechseln folgt der Reihe nach ein 1., 2., 3., 4. und 5. Begegnen in regelmäßiger Folge.

Wechsel:
I Ring.

1) Ring der Doppelpaare I [je 4 Gegner, 2 Herren und 2 Damen, bilden also den Ring].

2) Ring der Doppelpaare II [je 4 Nebner bilden also den Ring].

3) Ring der 2 Doppelpaare A, so, daß die 4 Damen ihn schließen, die Herren die [l.] Hände [auf die angefaßten Hände der Damen] auflegen [und 4 Schottischhüpfe vorwärts hüpfen, wenn die Damen rechts seitwärts im Ringe tanzen].

4) Ring der 2 Doppelpaare A, so, daß die 4 Herren ihn schließen, die Damen die Hände auflegen. [Bei 3. und 4. treten also die beiden Hälften des ganzen Reigenkörpers zur Ausführung der Wechsel zusammen.]

Fünf Begegnungen	= 20	$\frac{4}{4}$ Tacte	[eine „Begegnung" also
Vier Wechsel	= 16	" "	4 Tacte = 16
5) Großer Ring Aller	= 8	" "	Schritte = 8 Schottischhüpfe.]

44 $\frac{4}{4}$ Tacte.

II Stern.

1) Stern der Doppelpaare I [der Gegenpaare].

2) Stern der Doppelpaare II [der Nebenpaare].

3) Stern der 2 Doppelpaare A ⎫ so daß zuerst die Damen zum
4) „   „   „   „   „ ⎬ [Spieß: den] Stern rechts fassen
                   ⎭ und dann die Herren denselben links fassen.

5) Großer Stern aller Stirnreihen (II).

44 $\frac{4}{4}$ Tacte.

III Umwalzen.

1) Umwalzen der Doppelpaare I [der Gegenpaare].

2) Umwalzen der Doppelpaare II [der Nebenpaare].

3) Umwalzen der 2 Doppelpaare A, so, daß zuerst im Ring verschränkte Doppelpaare II sich umwalzen.

4) Umwalzen der Doppelpaare A, so, daß dann im Ring verschränkte Doppelpaare I es thun.

5) Umwalzen aller Paare um die Kreismitte.

44 ⁴⁄₄ Tacte.

IV Schwenken:

1) Schwenken der Doppelpaare I [der Gegenpaare].

2) Schwenken der Doppelpaare II [der Nebenpaare].

3) Kreisschwenken der 2 Doppelpaare A, so, daß dies miteinander
zuerst die Doppelpaare II thun, einander umschwenken.

4) Kreisschwenken der 2 Doppelpaare A, so, daß dies miteinander
dann die Doppelpaare I thun.

5) Großes Kreisschwenken zuerst miteinander der inneren Doppelpaare I, während die äußeren Doppelpaare an Ort schwenken,
dann miteinander die äußeren Doppelpaare I, während die
inneren Doppelpaare an Ort schwenken. (NB. Die Viererreihen stehen dabei in großer Kreislinie, indem die inneren
Doppelpaare I zurücktreten.)

44 ⁴⁄₄ Tacte.

V Kette im Ring:

1) Kette der Doppelpaare I [der Gegenpaare].

2) Kette der Doppelpaare II [der Nebenpaare].

3) Kette der 2 Doppelpaare A, so, daß bei verschränkten Armen
der Paare zuerst die Doppelpaare II nach Außen ziehen.

4) Kette der 2 Doppelpaare A, so, daß dann ebenso die Doppelpaare I nach Außen ziehen.

5) Große Kette der Doppelpaare, wobei beide innere Doppelpaare I
zurück in die große Kreislinie gehen und dann die Viererreihen bei verschränkten Armen die Kette machen, indem
die äußeren Doppelpaare I links kreisen, die inneren Doppelpaare rechts.

44 ⁴⁄₄ Tacte.

VI Kreuzen.

1) Kreuzen der Doppelpaare I ⎱ mit Galopp seitwärts in Stirn-
2) Kreuzen der Doppelpaare II ⎰ stellung.

3) Kreuzen der 2 Doppelpaare A, so, daß zuerst je die Viererreihen II
in Linie mit Galopp seitwärts kreuzen.

4) Kreuzen der 2 Doppelpaare A, so, daß dann je die Viererreihen I
ebenso mit einander kreuzen.

5) Großes Kreuzen Aller mit Hochfassung der Hände, zuerst beider ursprünglichen Linien, dann in die Quere der Linien der Doppelpaare A mit Vorwärtsgehen und Rechtsvorüberziehen durch die hochgefaßten Arme.

44 ⁴/₄ Tacte.

NB. Die Musik spielt eine Einleitung vor dem Beginn des Reigens, welche vor dem Eintritt eines jeden der sechs Hauptwechsel wiederholt wird, und somit auch den Schluß derselben, sowie den des ganzen Reigens bildet. Die Weise für dies Begegnen ist stets die gleiche und leitet je die fünf Spielarten der Haupt= wechsel ein, worauf dann für diese fünf besondere Weisen gesetzt sind."

Erklärende Bemerkungen von B.

Erstes Begegnen. Je zwei Gegenpaare kehren sich mittelst Drehung der Einzelnen nach innen den Rücken zu, gehen vorwärts auf die äußeren Male yy und y.y. und nach wiederholter Umkehrung der Einzelnen „begegnen" sie sich auf den inneren Malen zz und z.z., wo sie zuerst standen. Vgl. oben S. 31.

Zweites Begegnen. Die Gasse wird hier mit Schottischwalzen nach den äußeren Malen verbreitert: die auf dem Male zz Stehenden (die ursprünglich rechten Paare der ursprünglichen Nebenordnung der Gegenpaare) walzen dabei rechts, die auf dem Male z.z. walzen links. Der Herzug (das eigentliche Begegnen) geschieht mit Drehungen der Einzelnen jedes Paares, die einmal das Gesicht einander zu=, bei dem nächsten Hupfe einander abwenden.

Drittes Begegnen. Nach den äußeren Malen folgt auf einen Schottischhupf vorwärts ein Weiterhupf rückwärts und dies wird wieder= holt: der Herzug auf die inneren Male (mit 4 Schottischhüpfen) geschieht wie bei dem 2. Begegnen.

Beim vierten Begegnen kehren sich alle Nebner (r. oder l. oder nach der Mitte der Paare) um und gehen mit gegenseitigem Erfassen der gehobenen Hände einfach vorwärts nach den äußeren und vorw. nach den inneren Malen.

Wie das „fünfte Begegnen" gemeint ist, verstehe ich nicht recht; ich denke, Spieß'ens obige Worte seien jedoch etwa so zu deuten: bei Anfange des „Begegnens" verengern die Gegner mit 2 Vorwärts= schritten die Gasse und kehren (nach ½ Drehung der Einzelnen oder ohne Drehung derselben) nach 2 weiteren Schritten auf die inneren Male zurück; dies wiederholt sich und nun geschieht mit 8 Vorschritten der Zug auf die äußeren Male. Oder: Bei Beginn des „Begegnens" legen die nach den äußeren Malen Ziehenden nur die Hälfte des Weges (mit 4 Schritten) zurück, erreichen mit 4 weiteren Schritten wieder die inneren Male und ziehen nun mit 8 Schritten auf die äußeren Male, wo sie stehen bleiben.

Jedes sog. „Begegnen" wird in 16 Zeiten (in 4 $^4/_4$ Tacten) ausgeführt; jeder der kleineren Wechsel jedes der 6 Reigentheile beansprucht ebensoviel Zeit, wobei er zweimal (einmal r. und einmal l.) getanzt wird, z. B. der „Ring" einmal mit 8 Galopphüpfen seitwärts rechts und alsbald darauf mit 8 Galopphüpfen links; der „Stern" wird einmal als Stern rechts mit 4 Schottischhüpfen und alsbald mit ebensoviel Hüpfen als Stern links getanzt; der „große Wechsel", der 5. jedes Reigentheiles umfaßt nicht 4, sondern 8 ($^4/_4$) Tacte, also 32 Zeiten: so wird z. B. der „Ring Aller" des 1. Reigentheiles mit 16 Galopphüpfen rechts seitwärts und alsbald widergleich mit 16 Galopphüpfen l. getanzt und zwar in der Weise, daß bei dem letzten Hupie die sog. Gasse wiederhergestellt wird.

II Reigentheil: „Großer Stern aller Viererreihen."

Die in Klammern stehende Zahl II deutet an, daß je 2 Nebenpaare (sie stehen jetzt auf den äußeren Malen!) einen Strahl des „Sternes" bilden sollen; die vermeintliche Viererreihe von je 2 Nebenpaaren ist aber ein Reihenkörper; eine Linie von zwei Stirnreihen (zwei Stirnpaaren). Zu dem großen Sterne rechts müssen die auf dem Male y.y. stehenden zwei Neben-Reihenkörper (Neben-Linien) und die auf dem Male yy stehenden Neben-Linien links schwenken. Sind für diesen Stern rechts 4 ($^4/_4$) Tacte (8 Schottischhüpfe) bestimmt, so muß ein Theil dieser Zeit von jeder Neben-Linie (jedem Strahle des Sternes) zu einer ganzen Schwenkung r. um ihre Mitte verwendet werden, damit der Stern links mit weiteren 8 Schottischhüpfen ausgeführt und innerhalb der dazu bestimmten Zeit die Gasse wiederhergestellt werde.

III Reigentheil: „Umwalzen."

1) Jede zwei Gegenpaare umwalzen eine vor ihnen gedachte Kreismitte und zwar wohl in der Weise: die Paare tanzen r. sich drehend mit 4 Schottischhüpfen l. (von r. nach l.) im Kreise; mit 4 weiteren Schottischhüpfen kreisen sie r., sich l. drehend.

2) Ebenso verfahren je zwei Nebenpaare, nachdem sie am Schlusse des „Begegnens" mittelst Schwenkung Gegenpaare geworden.

3) Je 2 Nebenpaare bilden einen Stirnring (die 4 Nebner legen ihre Hände von hinten her auf die Achseln ihrer Genossen) so daß der ganze Reigenkörper aus 2 Gegen-Ringen (wenn man sich so ausdrücken darf) besteht: diese Ringe verfahren nun wie vorher die einzelnen Gegen-Paare.

Wegen der schwerfälligen Fortbewegung der Vier bei ihrem Drehtanze, wird man hier die beiden Ringe wohl nur einen Kreisumzug (l. mit r. Walzen) mit 8 Hüpfen ausführen lassen.

4) Die 4 Einzelnen der Gegenpaare bilden einen Ring; je zwei Nebenringe walzen um dieselbe Kreismitte.

5) Die einzelnen, auf den äußeren Malen stehenden Paare, tanzen Schottisch (8 Tacte d. h. also 16 Schottischhüpfe) in großem Kreise um die Mitte R des ganzen Reigenkörpers.

IV Reigentheil: „Schwenken".

Der spätere Name des Wechsels lautet bei Spieß „Mühle": die Uebung selbst ist der sog. „Abschwenkung" der Soldaten (f. oben S. 22) gleich.

1) Mit 4 Schottischhüpfen kreisen miteinander, schwenken r. je 2 Gegenpaare, sich zu einer „Linie" von gegengerichteten Paaren verbindend (etwa durch Einhängen der r. Arme der r. Führer, hier der Damen, beider Paare): f. die Figur. — Nach einer Rechtsschwenkung in jeder einzelnen Reihe (in jedem Paare) schwenkt die Linie ebenso mit 4 Hüpfen l. (die Herren hängen jetzt die l. Arme ein) und mit dem 8. Hupfe kehrt die Stellung Aller in Gasse zurück.

2) Je 2 Nebenpaare schwenken gegeneinander und hüpfen erst die Mühle r., dann die Mühle l.

3) Die zwei Neben-Linien des Males z z und des Males z. z. tanzen je mit einander die Mühle. Für diese Mühle r. ergibt sich für die auf dem Male z z stehenden Nebner also folgende Stellung des Reihenkörper-Gefüges:

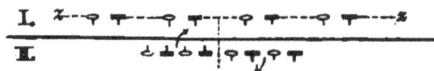

4) Je zwei Gegen=Linien tanzen die Mühle. Die Stellung der linken Hälfte des Reigenkörpers deuten wir für die Mühle r. wie folgt an:

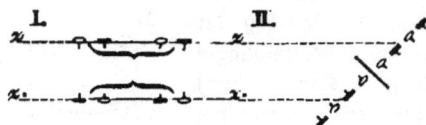

5) Die Paare stehen auf den äußeren Malen; — 16 Schottisch= hüpfe sind für diesen Wechsel bestimmt.

Die äußeren Gegenpaare (also je 4 Einzelne) schwenken (oder tanzen die Mühle) mit 8 Schottischhüpfen r. und l., während gleichzeitig die 8 in der Mitte sich befindenden Einzelnen oder die 4 inneren Paare den= selben Wechsel ausführen, indem die zwei Nebenpaare sich schließen und so scheinbare Viererreihen sich bilden; s. die Stellung zum Kreisschwenken (zur Mühle) r. bei 4).

Verstehe ich nun Spieß'ens obige Aufzeichnung recht, so werden für den zweiten Theil dieses Wechsels die äußeren Gegenpaare, bei Rück= wärtsausweichen der inneren Gegenpaare, auf dem früheren Stellungsorte der inneren Paare als zwei scheinbare Viererreihen die (Schwenk=) Mühle tanzen und gleichzeitig hinter den äußeren Malen (yy und y.y.) je die 4 Nebner (2 Stirn=Paare) der ursprünglich inneren Gegenpaare.

V Reigentheil: „Kette".

1) Die Paare sind als offene Paare zu denken; die Nebner kehren bei Beginn der Kette im Kreise sich den Rücken zu. — Die 4 Ein= zelnen, die mit einander die Kette tanzen, werden mit 8 Schottischhüpfen wohl nur einen Kreis durchziehen, obwohl Vier die Kette auch mit nur 4 Hüpfen ausführen können.

2) Die beiden Hälften des Reigenkörpers machen jeder für sich die Kette, und zwar nicht die Kette von Einzelnen, sondern von Paaren; je 2 Nebenpaare kehren sich bei Beginn der Kette den Rücken zu d. h. schwenken nach außen.

3) Mit den letzten Schritten des der Kette vorangehenden Be= gegnens werden die früheren Nebenpaare der Gasse „Gegenpaare"

und die jeßigen Nebenpaare ziehen von einander, nach außen, zur Kette.

Erste Stellung der linken Hälfte der Reigner.

Zweite Stellung derselben.

4) Scheinbare Viererreihen sollen jetzt also die Kette (nicht 8, sondern 16 Schottischhüpfe sind für diesen Wechsel bestimmt) ausführen: die 16 Reigner müssen also 4 solcher vermeintlichen Viererreihen bilden und da die Stirn-Linien der äußeren Paare bei der Kette links, die anderen Linien rechts kreisen sollen, so ergibt sich folgende Stellung des Reigenkörpers:

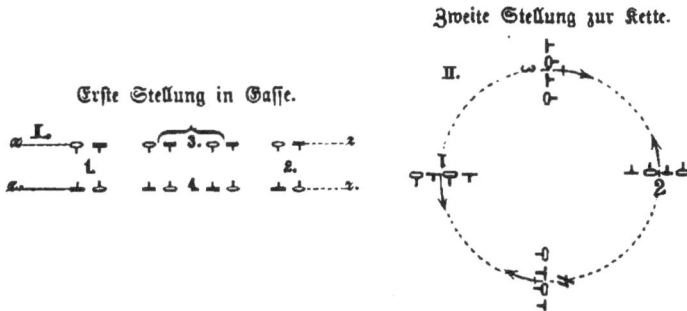

Zweite Stellung zur Kette.

Erste Stellung in Gasse.

VI Reigentheil: „Kreuzen".

1) Alle Einzelnen machen ¼ Drehung etwa nach den Ersten (die auf dem Male z z r. um, die auf dem Male z. z. l. um); jede 2 früheren Gegner sind also Nebner geworden und führen einen Stellungswechsel mit 4 Galopphüpfen aus (bei l. Kreisen ziehen die auf dem Male z. z. Gestandenen hinter den Anderen vorüber), den sie mit derselben Kreisung und derselben Zahl von Hüpfen wiederholen; mit weiteren 8 Galopphüpfen wird der zweimalige Stellungswechsel mit entgegengesetztem (also hier mit r.) Kreisen ausgeführt.

2) Je 2 Nebenpaare werden durch Viertelschwenkung nach innen Gegenpaare: die Nebner derselben drehen sich etwa mit Vierteldrehung gegen die Gasse und nun verfahren die jetzigen Nebner wie die Nebner des 1. Wechsels.

3) Vermeintliche Viererreihen sollen den Wechsel mit einander tanzen. Ob die folgende Stellung der Reigner die von Spieß gemeinte gewesen?

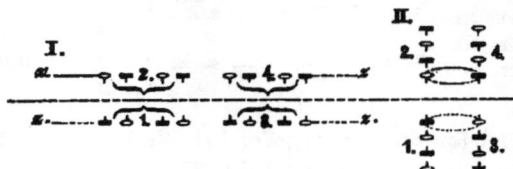

4) Ob die unten folgende Stellung für den Reigenkörper die von Spieß gewählte gewesen?

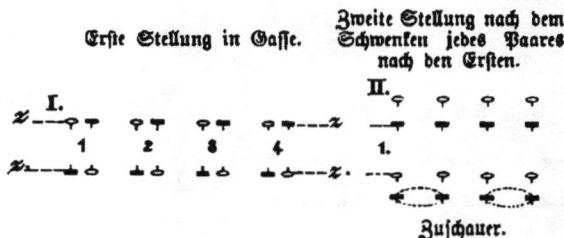

Bleistiftbemerkungen in Spießen's Aufzeichnung dieses Reigens lassen übrigens vermuthen, daß bei der Aufführung desselben die „Wechsel" in folgender Ordnung getanzt wurden: 1) Stern, 2) Ring, 3) Kette (im Ring), 4) Schwenken, 5) Kreuzen, 6) Umwalzen.

Reigen

für das Schulturnen

von

Adolf Spieß.

1. Zwillingsreigen,

welchen, je in 12 Paaren geordnet, 48 Mädchen von 11 bis 14 Jahren, in I Abtheilung der Müller-Wagner'schen, in II Abtheilung der Hofmann'schen Privatschule zugehörig, am 15. und 16. December 1853 im großen Saale des Turnhauses zu Darmstadt getanzt, am 15. December ½ 11 Uhr bis 11 Uhr, am 16. December 11 bis 12 Uhr in Gegenwart zuerst der Allerhöchsten Herrschaften und dann der Behörden und Ältern, nebst angedeuteter Folge der Freiübungen, welche die Schülerinnen bei diesem Festturnen im geschmückten Saale ausgeführt.

Aufge'chrieben vom 23. bis 30. December 1853.

Adolf Spieß.

———

Je vierundzwanzig Mädchen standen [ay I, ay II] widergleich gereihet in Stirn, so daß beide Größesten, die Führerinnen in der Mitte Stellung hatten. Beide Reihen setzten sich [durch ¼ Drehung] nach Innen in zwei Flankenreihen um, und es begann mit Begleitung der Streichmusik in 2/4 Zeit der

Aufzug.

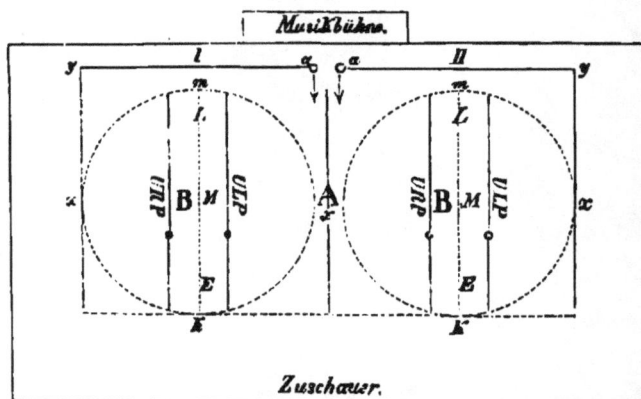

URP Ursprünglich rechte Paare. ULP Ursprünglich linke Paare. I Erstes Hauptglied des Reigens. II Zweites Hauptglied des Reigens. E Die 4 Paare der beiden Gegen- und Nebenpaare der Ersten. (A) [also das erste Drittel aller 12 Paare.] M Die 4 Paare der beiden Gegen- und Nebenpaare der Mittleren. (B) [Die 4 mittleren der 12 Paare.] L Die 4 Paare der beiden Gegen- und Nebenpaare der Letzten. (A) [Die letzten 4 Paare.]

Beiden [mit ¼ Windung auf die „Zuschauer" hin sich be=
wegenden] Führerinnen ↓ folgten im Schritt ihre Flankenreihen und
zogen durch die große Mitte A nach Außen in die beiden Kreise um
B I und B II, und dann bei m I und m II folgten die Reihen in gerader
Linie mit Wiegehüpfen nach Innen beginnend durch die beiden Kreis=
mitten B I und II bis zu k I und II, worauf die Einzelnen beider
Reihen im Wechsel rechts und links sich theilten [also jede Reihe von
24 sich zu einem Reihenkörper von 12 Paaren umformte] und dann
in verschiedenen Richtungen in den I und II Kreislinien um B zogen.
Bei m begegneten sich je rechte und linke Führerinnen der [sich bildenden]
Paare und tanzten nun schottischwalzend mit Zu= und Abkehren und
Klappen der Kastagnetten durch die Mitten B I und II in geraden
Linien bis zu k. Die einzelnen Stirnpaare beider Säulen theilten sich
nun im Wechsel rechts und links und zogen wiederum im Schritte in
den Kreisen um B bis zu m, wo sich nun die rechten und linken Paare,
die Gegenpaare begegneten, und als Viererreihen bei verschränkten
Armen, mit Schottisch durch die Mitten B in geraden Linien bis zu k
tanzten. Hier theilten sich wiederum im Wechsel rechts und links
beider Säulen Viererreihen und zogen im Schritte in den Kreisen um
B bis zu m, wo dann die Viererreihen sich wieder in erster Ordnung
einschoben [d. h. die zweiten „Viererreihen" sich hinter die ersten reiheten]
und in gerader Säule mit Schottisch bis zu k tanzten und dann mit
Kette nach Außen [zu der die „Viererreihen" (!) sich als zwei nebengereihete
Stirnpaare betrachten und durch Armverschränkung etwa ordnen mußten],
bis zu m den Gegenzug durch die Säulen machten. Bei m theilten sich
Reih' um Reihe die rechten und linken Paare der Viererreihen beider Säulen
und zogen in vier Säulen von Paaren rechts und links in beiden Kreisen
um B. Bei k begegneten sich je zwei Säulen und begannen nun mit
Schottisch den Durchzug mit Kette bis zu m, wo dann wiederum die
führenden Paare, je zweier Säulen von Paaren, nach Innen, zur Kette
den Gegenzug anhuben bis zu k, wo in Viererreihen geordnet bis zu m
durch die Mitten B getanzt ward. Bei m machten dann je zwei Säulen
von Paaren mit Schottisch die Kette nach Außen, gleichsam im Wechsel
ein Oeffnen und Schließen von Doppelpaaren, worauf rechte und linke
Paare, als Gegenpaare in die inneren Male o, zur Gasse eingeschwenkt
sich aufstellten, der Aufzug endete.

Reigen.

Beide Hauptglieder des Reigens bildeten, ein jedes für sich geschlossen, einen [Ordnungs=] Körper von zwölf Paaren, welche unter= einander wieder in sechs Gegenpaaren und in sechs Nebenpaaren geordnet waren. [f. S. 53]. Je die Gegenpaare von vier Einzelnen und dann die Neben= paare von ebensoviel Reignern tanzten die kleinen Wechsel miteinander. Sobald zwei kleine Wechsel aufeinanderfolgend von Gegen= und Neben= paaren getanzt waren, folgte ein großer Wechsel, wobei je die zwölf Paare zusammenwirkend ins Spiel kamen. Einem jeden kleinen Wechsel ging ein Hin= und Herzug der Paare von [den] inneren Malen o zu [den] äußeren Malen x und dann zurück zu o voraus, das sogenannte „Begegnen", wobei 8 Schritte auf den Hinzug, 8 Schritte auf den Her= zug gezählt werden. Bei verschränkten Armen wird mit dem Beginne des Hinzugs und dann mit dem Beginne des Herzugs von den Einzelnen der Paare stets ein „Kehrt" nach „Innen" gemacht [f. S. 31]. Wie das „Begegnen" in 16 Zeiten gegangen, so wird auch ein jeder kleine Wechsel in 16 Zeiten getanzt, so daß die Gesammtzahl der Zeiten, in welchen ein kleiner Wechsel zuerst von Gegen= und dann von Nebenpaaren ge= tanzt ward, mit dem vorausgehenden zweimaligen Begegnen 64 beträgt. Der Reigentanz zerfiel in vier Theile; ein jeder derselben bestand aus zwei kleinen Wechseln und einem großen Wechsel, der in nur 48 Zeiten getanzt ward, worauf dann die überzähligen 16 Zeiten, der bis zu 64 Zeiten dauernden Musik zum Einziehen zur Gasse und Ruhen in derselben verrechnet wurden. Somit bestand die Musik für einen jeden der vier Theile des Reigens, aus je drei gleich langen Sätzen, von je 64 Zeiten, oder von je 32 $\frac{2}{4}$ Tacten. Vor dem Beginne des ersten Theiles, sowie dann auch vor dem eines jeden folgenden spielte die Musik gleichsam vorbereitend, einleitend und weckend ein kurzes Vorspiel von 16 Zeiten, welches stets dasselbe, in der Weise einer gedehnten schließen= den Cadenze, den neuen Aufschwung zum Beginnen und kecken Anheben eines jeden neuen Reigentheiles gab.

Die vier Theile des Reigens sind kurz bezeichnet folgende gewesen:

I.	II.
1) Schottischzwirbeln.	3) Schrittzwirbeln.
2) Wogen.	4) Wiegehüpfen.
Kette der Paare.	Kette der Viererreihen.

4

III.   IV.
5) Stern.   7) Ring.
6) Oeffnen u. Schließen. 8) Mühle.
   Wogen der Viererreihen.   Umzug.

Die kleinen Wechsel des I und II Theiles wurden von allen Reignern gleichzeitig getanzt, wie auch das Begegnen gleichzeitig von Allen gegangen ward. Zum Unterschiede von dieser Ausführungsweise wurden die kleinen Wechsel des III und IV Theiles, sowie auch das Begegnen so getanzt, daß je die mittleren vier Paare beider Hauptglieder des Reigenkörpers [s. S. 53] zuerst die kleinen Wechsel tanzten und dann das Begegnen schritten, während je die ersten und letzten vier Paare, d. h. je die 8 Paare beider Hauptglieder zuerst das Begegnen schritten und dann die kleinen Wechsel tanzten. Je die mittleren Paare, welche mit B, und je die ersten und letzten Paare, welche mit A bezeichnet und aufgerufen wurden, tanzten somit gleichzeitig, wenn auch in verschiedener Reihenfolge die vier kleinen Wechsel und das Begegnen beider letzten Reigentheile. Während bei den beiden ersten Reigentheilen beide Hauptglieder in einer gleichmäßigen Ordnung tanzten, trat bei den beiden letzten Reigentheilen in beiden Hauptgliedern eine getheilte Ordnung hervor, in der sich zwei Gliederungen unterschieden, so daß zugleich vier Hauptglieder, statt der ursprünglichen zwei, den Reigen tanzten. Diese naheliegende Anordnung bezweckte selber wieder Abwechselung in die Folge der vier Theile zu bringen, das Spiel des ganzen Reigens reicher aus- und umzugestalten.

Die besondere Ausführungsweise der kleinen wie großen Wechsel möge hier angedeutet folgen, und zwar im Anschluß an deren obenbezeichnete Reihenfolge. Da ein jeder kleine Wechsel zuerst von Gegenpaaren und dann von Nebenpaaren getanzt ward, soll zuerst die eine und dann die andere Ordnung unter a und b bezeichnet werden.

I.

1. Schottischzwirbeln.

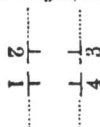

Erste Stellung   Zweite
d. Gegenpaare.   Stellung.

a) In Flankenstellung, nach den Ersten hin Stirn [nehmend: s. die zweite Stellung der nebenstehenden Zeichnung], standen alle [Einzelnen der ursprünglichen] Gegenpaare auf den inneren Malen o, worauf die Einzelnen mit drei Schottischhüpfen nach den äußeren Malen x mit zwei halben Drehungen walzten und dann Dreitritt

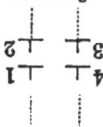

an Ort machten, ſofort aber mit derſelben Bewegung und entgegengeſetzter Drehung wieder nach den inneren Malen o zurückkehrten. Die urſprüng= lich linken Paare, d. h. deren Einzelne [4 und 3], walzten dabei (in einer großen Flankenreihe Aller) zuerſt links und dann rechts, während die Einzelnen der urſprünglich rechten Paare [1 und 2] in gleicher Ordnung zuerſt rechts und dann links walzten. Mit dem erſten Achtel eines jeden Hupfes ward bei hochgeſchwungenen Armen mit den Kaſtagnetten ein Klapp, und während des jeweiligen Dreitrittes mit Handkreiſen ein Wirbel von zwei Achtel mit Schlußklapp im dritten Achtel und Seit= ſchnellen der Arme gemacht.

b) die Nebenpaare in Stirn ſchwenkten zu einander nach Innen zur Säule, ſo daß ſie Stirn gegen Stirn ſtanden, und ſofort bewegten ſich

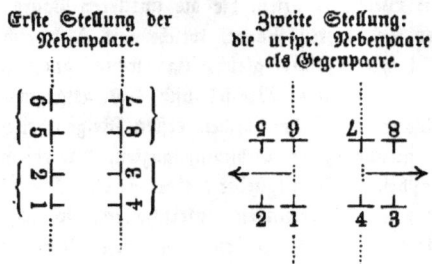

Erſte Stellung der Nebenpaare.   Zweite Stellung: die urſpr. Nebenpaare als Gegenpaare.

alle Einzelnen von o zu x und zurück zu o wie bei a, mit dem Unter= ſchiede, daß je nachdem die Male x von den Einzelnen ſeitlings rechts oder links lagen, das Walzen rechts oder links gemacht wurde beim Hin= zuge, und dann links oder rechts bei dem Herzuge zu den Malen o.

2. Wogen.

a) In Stirn ſchwenkten bei verſchränkten Armen, die Paare der Gegenpaare in Linie nach den Erſten hin, ſo daß alle urſprünglich linken,

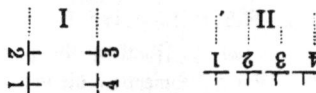

wie rechten Paare in zwei Säulen auf den innern Malen o ſtanden, worauf mit je zwei Schottiſchhupfen vorwärts und Kehrt der Einzelnen nach Innen, je bei dem letzten Achtel viermal ſo gezogen ward, daß ſich die Paare zweimal hin und her nach den Erſten und Letzten bewegten.

b) Hierbei blieben alle Paare der Nebenpaare in den Malen o in Linie, wie bei der Gassenstellung und begannen sofort mit einem Kehrt der Einzelnen nach Innen, zweimal den Hin= und Herzug wie bei a, jedoch nach den äußeren und inneren Malen.

Kette der Paare.

Beide Linien von Paaren bogen aus der Gassenstellung rasch in eine große Kreislinie um die Mitten BI und BII ein und stellten sich zu zwei ring= förmigen Säulen von Stirnpaaren in der Weise auf, daß je die rechten Paare der Nebenpaare den linken gegenüber eingeschwenkt standen, worauf ohne Unterbrechung die Kette rechts im Kreise so gezogen ward, daß die rechten Paare der Nebenpaare die Mitte B I und II rechts, die linken Paare der Nebenpaare dieselbe links umkreisten, was in 24²/₄ Tacten erfolgte und mit der Herstellung der Gasse endete.

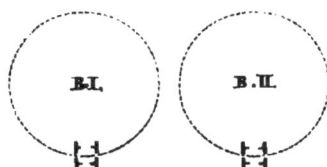

II.
3. Schrittzwirbeln.

a) Alle Gegenpaare ordneten sich in Stirn wie bei der Gasse, je= doch ohne Verschränkung der Arme, worauf alle Einzelnen mit drei Seit= Schritten und Schlußtritt, nach den Ersten hin mit zwei halben Drehungen walzten [d. i. eine ganze Drehung ausführten] und ebenso herzogen nach den Letzten, worauf dieser Hin= und Herzug [also ein Hin= und Her= Drehen] wiederholt ward. Dabei walzten alle Einzelnen der ursprüng= lich linken Paare je zuerst links und dann rechts, während gleichzeitig alle Einzelnen der ursprünglich rechten Paare je zuerst rechts und dann links walzten. Je mit dem ersten von drei Schritten machten beide ge= streckten Arme einen Aufschwung mit einem Klapp der Kastagnetten und zwar stets in der Richtung des ersten Seitschrittes, worauf die Hände während der drei folgenden Zeiten im Stütz auf den Hüften ruhten.

b) Die Stellungsordnung der Nebenpaare für diesen Wechsel war dieselbe wie bei „Schottischzwirbeln b." [Je zwei Nebenpaare wurden also durch ¹/₄ Schwenkung Gegenpaare; f. die „zweite Stellung" S. 51.]

4. Wiegehüpfen.

a) Alle Gegenpaare schwenkten aus der Gasse nach den Ersten hin zur Linie und [nach] gelöster Armverschränkung machten die Einzelnen jedes Paares nach Außen anhüpfend acht Wiegehüpfe mit Drehen, so daß ein Ab= und Zukehren derselben erfolgte. Je mit den rechten und linken Hüpfen erfolgte ein Aufschwingen der rundgehaltenen Arme mit einem Wirbel der Kastagnetten von zwei Zeiten, dem stets ein kürzestes Wiederabschwingen folgte.

b) Hierbei blieben alle Nebenpaare in Linie, wie bei der Gasse und vollzogen [die Einzelnen jedes Paares] das Wiegehüpfen wie bei a.

Kette der Viererreihen.

Je aus [zwei] Nebenpaaren sich bildende Viererreihen bogen aus der Gasse rasch in die große Kreislinie um B I und II und stellten sich bei verschränkten Armen zu zwei ringförmigen Säulen

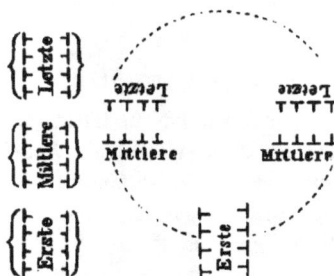

in der Weise auf, daß je beide Viererreihen der Ersten einander gegen= über gestellt blieben, während je beide Viererreihen der Mittleren nach den Letzten hin eingeschwenkt, je den beiden Viererreihen der Letzten, welche nach den Ersten hin schwenkten, gegenüber sich aufstellten, worauf dann alsbald die Kette rechts im Kreise gezogen ward, so daß die beiden Viererreihen der Ersten und Letzten auf Seite der ursprünglich linken Paare, mit der Viererreihe der Mittleren auf Seite der ursprünglich rechten Paare die Mitte B rechts umkreisten, während je die beiden Viererreihen der Ersten und Letzten auf Seite der ursprünglich rechten

Paare, mit der Viererreihe der Mittleren auf Seite der ursprünglich
linken Paare, die Mitte B links umkreisten, was in 24 ²/₄ Tacten erfolgte
und mit dem Einzug zur Gasse endete.

III.

5. Stern.

a) Aus der Gasse machten alle Einzelnen der einander gegenüber=
stehenden Gegenpaare zuerst [halb] Linksum und je beider Paare rechte
wie linke Führerinnen faßten übers Kreuz die rechten Hände der Schräg=
gegenüberstehenden, indem die Vier rechts um die Mitte, im Kreise mit
vier Kibitzhüpfen zogen und dann nach einem raschen Rechtskehrt, bei
Fassung der linken Hände, ebenso links im Kreise hüpften und zwar so,
daß beim „Stern rechts“, je mit erstem Viertel, bei aufgeschwungenen
linken Armen ein Klapp gemacht wurde, welchen dann beim „Stern
links“ ebenso die rechten Hände ausführten.

b) Die Stellungsordnung der Nebenpaare wie bei „Schottischzwir=
beln b.“ [Die Nebenpaare der „Gasse“ wurden durch ¹/₄ Schwenkung
gegen einander Gegenpaare; s. S. 51.]

6. Oeffnen und Schließen.

a) Aus der Gasse ziehen gleichzeitig die ursprünglich linken wie
rechten Stirnpaare, ein jedes aus seiner Stellung in der Wallinie o in
die gegenüberliegende des andern Paares in o hin und
dann wieder her, welcher Wechsel des Platzes dann
im Hin= und Herzug je von beiden Gegenpaaren
wiederholt wird. Dabei öffneten je zuerst die ur=
sprünglich linken Paare nach Außen ihre Reihe für
den Durchzug der ursprünglich rechten, bei verschränkten
Armen geschlossenen Paare, während der Dauer von
2²/₄ Tacten, in welcher die Einzelnen je mit zwei
Schottischhüpfen zogen, worauf mit dem letzten Achtel

je die Einzelnen der [geschlossen gebliebenen] Paare nach Innen Kehrt machen
und der Herzug so erfolgt, daß nun die ursprünglich rechten Paare ihre
Reihe für den Durchzug der nun geschlossen ziehenden ursprünglich linken
Paare öffnen; dieser Hin= und Herzug wird dann wiederholt; [mit je zwei
Hüpfen findet ein einmaliger Stellungswechsel der Paare statt, also nehmen
bei 8 Hüpfen die Paare 2mal den gegenüberliegenden Stellungsort ein.]
Zugleich war geordnet, daß je beide Einzelne der je die Reihe öffnenden

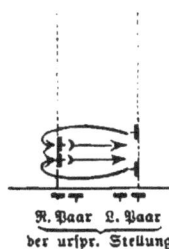

Paare, im erſten Achtel, bei hochgeſchwungenen Armen, einen Klapp mit den Kaſtagnetten ſchlugen, ſo daß bei zweimaligem Hin= und Herzuge vier Klappe erſchallten.

b) Die Stellungsordnung für die Nebenpaare war wie bei „Schottiſchzwirbeln b"[S. 51], und es war beſtimmt, daß je die Paare, welche nach den Erſten hin in Stirn ſtanden, mit dem Oeffnen der Reihe zu beginnen hatten, während je die Paare, welche nach den Letzten hin in Stirn ſtanden, zuerſt den geſchloſſenen Durchzug zu machen hatten.

Wogen der Viererreihen [zu und von der Mitte].

Alle mit verſchränkten Armen geſchloſſenen Viererreihen der Neben= paare bogen aus der Gaſſe raſch in die größere Kreislinie um B I und II und zogen dann [je als eine Linie von im Kreiſe ſtehenden gebogenen Ordnungen] je mit vier Schritten vorwärts zur geſchloſſenen Linienſtellung in einer kleineren Kreislinie um die Mitten B I und II hin, worauf eine jede Reihe mit vier Schritten eine halbe Schwenkung rechts um ihre Reihenmitte machte und dann ebenſo den Herzug mit vier Schritten [alſo von den im Rücken der Reihen befindlichen Kreismitten fort] in die erſte größere Kreislinie und eine weitere halbe Schwenkung rechts um ihre Reihenmitte mit vier Schritten machte. Alsbald ward dieſer Hin= und Herzug wiederholt, worauf dann alle Viererreihen ſich von ihrer Mitte aus öffneten, alle Einzelnen der im großen Kreiſe geſtellten Reihen bei hochgefaßten Händen mit vier Schritten nochmals nach den Mitten B I u. II hin und mit vier Schritten rückwärts gehend herzogen in die größeren Kreislinien, was in 24 $^2/_4$ Tacten erfolgte, worauf dann raſch der Ein= zug zur Gaſſe vollzogen ward.

Bemerkung. Das „Wogen im Kreiſe" kann auch ſo geordnet werden, daß je nach einmaligem Hin= und Herzug der Viererreihen, zweimaliges Wogen Aller bei hochgefaßten Händen folgt, was mehr Abwechſelung darbietet. So tanzten die Schülerinnen bei Dr. Weismann dieſen großen Wechſel, bei der Turn= prüfung in Frankfurt in der Muſterſchule, Donnerstag den 6. April 1854.

IV.
7. Ring.

a) Aus der Gaſſe ziehen gleichzeitig die vier Einzelnen der offen= geſtellten Stirnreihen beider Gegenpaare links um eine Mitte in kleiner Kreislinie, und zwar zu zweimaligem Umzuge mit Schottiſchwalzen rechts,

was in 8³/₄ Tacten mit 8 Hüpfen vollzogen wird. Dabei beginnen
alle je mit Hupf seitwärts rechts und es gilt je mit dem letzten von
vier Achteln rasch ein Rechtskehrt zu machen, so daß
stets die Hüpfe seitwärts [und zwar wechselnd r. und
l. seitwärts] erfolgen, die Einzelnen der gemeinsamen
Kreismitte bald ihre Stirn, bald den Rücken zukehren;
je mit dem ersten von vier Achteln, mit dem Beginn
eines jeden Hupfes, schwingen beide Arme mit einem
Klappe der Kastagnetten auf, und dann ab.

b) Die Stellungsordnung für die Nebenpaare ist wie bei „Schottisch=
zwirbeln b“ [S. 51.], worauf dann von je Vieren der Ring ebenso getanzt
wird, wie bei a).

8. Mühle.

a) Aus der Gasse verketten [nach einer ¹/₈ Schwenkung links jedes
Paares] zuerst die rechten Führerinnen beider Gegenpaare, welche je in
geschlossener Stirn bei verschränkten Armen standen, mit einander ihre
rechten Arme im Ellenbogengelenke [d. h. sie hängen die rechten Ellen=
bogen ein und reichen die rechte Hand alsbald wieder ihrer Nebnerin],
worauf um die Mitte der widergleich gestellten Linie
beider Zweierreihen mit vier Schottischhüpfen eine
ganze Schwenkung rechts gemacht wird. Während
des vierten Hupfes im letzten der vier Achtel lösen
beider Paare rechte Führerinnen ihre Armverket=
tung, die einzelnen Paare machen rasch um ihre
Reihenmitte eine halbe Schwenkung rechts und beider
Paare linke Führerinnen verketten nun ihre linken
Arme und es wird dann mit vier Schottischhüpfen [die „Mühle links“
d. h.] eine ganze Schwenkung links um die Mitte der widergleich ge=
stellten Linie beider Zweierreihen gemacht.

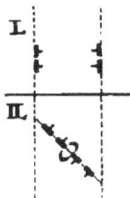

b) Aus der Stellungsordnung wie bei „Schottischzwirbeln b“ be=
ginnen nun ebenso die [früheren] Nebenpaare den gleichen Wechsel.

Umzug.

Alle offen gestellten Nebenpaare biegen rasch aus der Gasse in die
große Kreislinie um die Mitten B, die Einzelnen machen rechts um und
es ziehen zuerst die Flankenreihen aller Paare in ringförmiger Linie
geordnet [jeder der beiden Reigenkörper erscheint also äußerlich betrachtet

als eine einzige Flankenringreihe] mit 8 Schritten vorwärts in der Kreis=
linie; dann walzen alle Einzelnen rechts mit vier Schottischhüpfen, in
der Weise, wie beim „Ring" mit Klappen der je aufschwingenden Arme
und wechselndem Zu= und Abkehren nach und von den Mitten B weiter
fort in der großen Kreislinie; und sofort ziehen die durch I. Nebenreihen
sich bildenden P a a r e in Stirn bei verschränkten Armen mit 8 Schritten
weiter fort, worauf dann die Paare mit vier Schottischhüpfen rechts fort=
walzen, indem am Schlusse eines jeden Hupfes die Einzelnen der Paare
ihre Fassung wechseln [s. oben S. 18] und je mit dem ersten Achtel
eines jeden Hupfes die fassungsfreien Arme in der Richtung der Fortbe=
wegung mit einem Klappe der Kastagnetten aufschwingen; fortan ziehen
links zur Linie [neben=] gereihet die Nebenpaare der Viererreihen, bei
verschränkten Armen, mit 8 Schritten weiter und machen dann n a c h
v o l l e n d e t e m U m z u g e links um die Mitten B I und II in der großen
Kreislinie, mit vier Schottischhüpfen eine
ganze Schwenkung rechts um die Mitte
der Reihe, was [Alles] in 24 $^2/_4$ [Tacten]
vollzogen ist, worauf rasch zuerst die

[Einzelne: 8 Schr. u. 4 H. == 16 Zeiten.
Paare: 8 „ „ 4 H. = 16 „
Vier: 8 „ „ 4 H. = 16 „
48 Zeiten.]

Gasse und mit Bezug auf den bevorstehenden „Abzug" aus dem Reigen,
dann die Linie je der beiden Gegenpaare sich ordnet, welche dann mit
verschränkten Armen Viererreihen bilden, die mit Stirn
nach den Ersten hin in Säule stehen. Beide Hauptglieder
des Reigenkörpers, die ebengestalteten beiden Säulen der
Viererreihen bleiben nun bis zum Schlusse der Reigen=
musik stehen und erst nach dem Schlusse des nun
wieder erhobenen Vorspieles beginnt dann in $^2/_4$ Zeit der *)

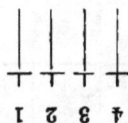

I 2 3 4

A b z u g.

Beider Säulen führende Reihen biegen von k I und II aus nach
Außen, in die Kreislinien um B I und II ein, gefolgt von den Abstand
haltenden zugehörigen Reihen. Nach Umziehung der halben Kreislinie
von k zu m, hüpfen nun mit Schottisch je die einzelnen Reihen beider
Säulen durch die S Linien m. A. k. in der Weise, daß je die gleich=
zähligen Reihen der I zuerst durch die große Mitte A ziehen und dann
die je gleichzähligen Reihen der II, so daß z. B. unmittelbar, nachdem
die erste Reihe der I von m zu k durch die Mitte A gezogen, dann die

---

*) Sobald je 32 Reigner tanzen, muß der „Umzug" um 16 Zeiten verlängert
werden, z. B. so, daß das Ziehen und Schwenken der Viererreihen wiederholt wird.

erſte Reihe der II von m zu k durch die Mitte ziehet, worauf aufeinander=
folgend die zweite Reihe der I und die der II u. ſ. ſ. alle übrigen
Reihen beider Säulen nachfolgen. Die I Säule umziehet nun die frühere
Kreislinie der II um B, während gleichzeitig die II Säule die frühere
Kreislinie der I um B umziehet. Sind die führenden Reihen beider Säulen
bei m angekommen, ſo beginnt mit Schottiſch der Durchzug zur Kette rechts
[ſ. oben S. 29] und nachdem dieſer vollzogen, beider Säulen führende Reihen
bei k angekommen, machten gleichzeitig beider Säulen einzelne Reihen
an Ort drei ganze Schwenkungen nach Innen um die Reihenmitte und
zogen dann mit Kette nach Innen, eine jede Säule durch ihre Abſtände
zur urſprünglichen Aufſtellung in der geraden Linie y a, a y, ſo daß
beide [urſprüngliche] Vierundzwanzigerreihen ihre erſte widergleiche Ordnung
wieder herſtellen.

Die Dauer des ganzen Reigens, Aufzug und Abzug mit eingerechnet
währet etwa 12 Minuten.

Bemerkungen.

Aus der vorausgegangenen Beſchreibung gehet hervor, daß die
beiden Hauptglieder des großen Reigenkörpers, ſowohl bei dem Aufzuge,
als auch bei dem Reigen ſelber, ſtets nur innerhalb der eigenen Ordnung
von vierundzwanzig Reignern, von 12 Paaren, von 6 Viererreihen einen
gleichſam ſelbſtändigen in ſich auch räumlich abgeſchloſſenen Verkehr hatten,
wenn auch die Beziehungen des einen Hauptgliedes zu dem andern, in
räumlicher und zeitlicher Ordnung gleicher Thätigkeiten, ſowohl für die
Geſammtgliederung eines jeden, als auch für die kleineren und kleinſten
Glieder deſſelben gleichmäßig für beide zu wechſelſeitiger Beachtung be=
ſtanden und gewahret werden mußten. Nur bei dem Abzuge tritt zwiſchen
beiden Hauptgliedern ein wechſelſeitiger Verkehr auf einem gemeinſamen
erweiterten Spielraume entſchiedener hervor.

Wenn auch die jedem Hauptgliede des großen Reigen=Körpers eigen=
thümliche widergleiche Stellung und Bewegung ſeiner Glieder in gleichen
und widergleichen Linien, ſchon vermöge ſeiner beſonderen Reigenordnung,
als die eines für ſich begränzten Reigenkörpers, es mit ſich bringen
mußte, daß der Ausdruck der Bewegungen beider in Säule geſtellten
Hauptglieder ſelber wieder ein widergleicher geweſen, ſo war dennoch die
Durchführung des Geſetzes der Widergleichheit im Baue der beiden Haupt=
glieder nicht unternommen worden, wenn auch die urſprüngliche wider=
gleiche Aufſtellung der beiden Vierundzwanzigerreihen, welche dem Anzuge

vorausging, auf diese Ordnung hinzudeuten schien. Wollte man dies
Gesetz der Widergleichheit aus der ursprünglichen Stellung der I zu den
II ableiten und fortführen, so hätte die Reihung der I anstatt links
durchaus „rechts" sein müssen, was schon bei dem Aufzuge, wobei die
Einzelnen zum ersten Male durch die Mitte B in der geraden Linie m k
ziehen, so hätte vorbereitet werden müssen, daß im Wechsel die Einzelnen der I sich links und rechts getheilt hätten, worauf dann bei m
zuerst rechts gereihete Paare und dann rechts gereihete Gegenpaare zu
Viererreihen sich verbunden hätten. In diesem Falle wäre dann der Bau
der Reigenordnung der I im Verhältnisse zu dem Baue der Reigen=
ordnung der durchweg links gereiheten II ein widergleicher gewesen.
Dieses Gesetz hätte dann aber auch seine Folgen auf einige kleine und
große Wechsel geltend gemacht, so, daß z. B. die I den großen Wechsel
„Kette der Paare" mit Kette links, d. h. mit erstem Einbiegen im Bogen
links hätten beginnen müssen, daß z. B. der kleine Wechsel „Stern" von
den I zuerst links und dann rechts hätte getanzt werden müssen, was
in gleicher Weise bei dem „Ring" die Anordnung für die I links zu
walzen im Kreise rechts, bei der „Mühle" zuerst das Linksschwenken
und dann erst das Rechtsschwenken nach sich gezogen hätte, der durch=
greifenderen widergleichen Anordnung auch der „Kette der Viererreihen",
des „Wogens der Viererreihen", des „Umzugs" nicht zu gedenken. Des
Vergleiches wegen wollen wir hier den gleichen und widergleichen Bau
der Gasse für beide Hauptglieder des Reigens nebeneinander stellen, um
zu zeigen, welch veränderte Stellung damit für die je 24 Reigner eines
jeden Hauptgliedes hervortritt:

22	23	22	23	23	22	22	23
21	24	21	24	24	21	21	24
18	19	18	19	19	18	18	19
17	20	17	20	20	17	17	20
14	15	14	15	15	14	14	15
13	16	13	16	16	13	13	16
10	11	10	11	11	10	10	11
9	12	9	12	12	9	9	12
6	7	6	7	7	6	6	7
5	8	5	8	8	5	5	8
2	3	2	3	3	2	2	3
1	4	1	4	4	1	1	4

Gleiche Stellung beider Hauptglieder   Widergleiche Stellung beider Haupt=
von je 24 in den beiden Gassen.   glieder von je 24 in beiden Gassen.

Die gleiche Stellung beider Glieder von je 24 in zwei Gassen
wurde schon darum gewählt, weil in den gewöhnlichen Uebungsstunden,

welche dem Festturnen vorausgegangen, die Zahl der Schülerinnen nur
immer für die Aufstellung nur eines Reigenkörpers von 12 Paaren
ausreichte.   Sowohl die aus Schülerinnen der Müller = Wagner'schen
Schule gebildete Klasse, als auch die aus Mädchen der Hofmann'schen
Schule gebildete Klasse, hatten eine jede Klasse den beschriebenen Reigen
mit zu Grunde liegendem „Links[neben=]reihen" geübt und so erschien
es zweckmäßig, diese Ordnung einzuhalten, als nun beider Klassen Reigen=
körper zum Festturnen selber wieder als Hauptglieder des einen großen
Reigenkörpers verbunden wurden wie zu einem Zwillingsreigen oder
Doppelreigen.   Damit war zugleich die Leichtigkeit verbunden, in be=
liebige Gliederung andere Mädchen beliebiger Klasse einzuschieben, wenn
durch Fälle irgend welcher Art Schülerinnen verhindert wurden, in ihrer
gewohnten Reigenordnung zu tanzen.

Eine unschwere Ausführung für die Schülerinnen ist es aber,
den Reigen, welchen sie mit Rechtsreihung erlernt, nun auch widergleich
mit Linksreihung zu tanzen.   Auch noch andere Ordnung kann den
Reignern gesetzt werden, z. B. die, daß alle Bestimmungen, welche mit
Bezug auf die Ersten gegeben worden, nun ebenso mit Bezug auf die
Letzten gegeben werden, anderer Veränderungen, wie z. B. die, daß stets
zuerst die Nebenpaare und dann die Gegenpaare die kleinen Wechsel tanzen,
oder daß der zweimaligen Ausführung der kleinen Wechsel auch zweierlei
„Begegnen" [vergl. S. 39 f.] vorausgeordnet werden kann, nicht zu gedenken.

Wohl mag hier für unsere beiden Zwillingsreigenglieder eine
andere Gassenstellung, nämlich die in Linie im Grundrisse angedeutet
sein, welche schon ihrer besonderen Ordnung wegen zu empfehlen ist,
in einem vorwaltend langen und weniger tiefen Saalraume aber zweck=
mäßiger erscheinen muß, als die beschriebene in Säule.

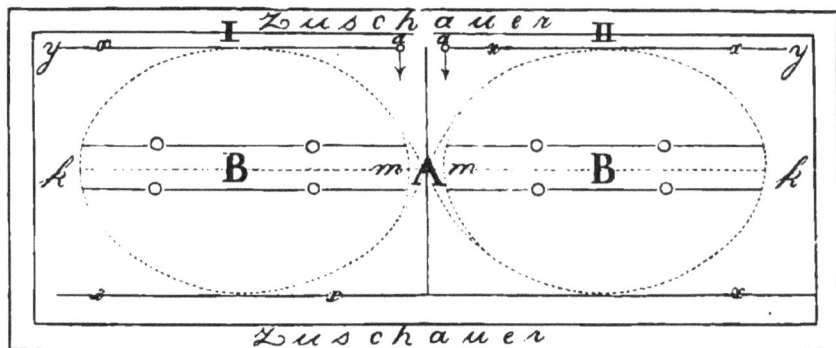

Hierbei kann nun leicht die verschiedene Ordnung gesetzt werden, daß je die Ersten beider Gassen bei m, die Letzten bei k gestellt sind, oder, daß je die Ersten bei k, die Letzten bei m stehen.

Uebungen der 48 Mädchen, welche beim Festturnen am 15. und 16. Dezember dem Reigen vorausgingen, in der Folge, welche etwa dabei eingehalten ward.

½11 Uhr, nachdem die Knaben abgezogen waren, am 15.; 11 Uhr am 16. Dezember, zogen gleichzeitig zu beiden Thüren des Anbaues, beider Abtheilungen von je 24 Schülerinnen Führerinnen in den Saal, gefolgt von den beiden Flankenreihen. Zur östlichen Thüre herein kam die Führerin Skriba mit der Müller-Wagner'schen Abtheilung, zur westlichen Thüre herein kam die Führerin Hochstätter mit den Hofmann'schen Abtheilungen. Die Führerinnen zogen alsbald nach Innen zu a und von da zusammen bis zu A, wo dann beide die I und II sich in ihre Kreise trennten und in widergleichem Umzuge zur ursprünglichen widergleichen Aufstellung ordneten. Die gerade Stirn beider Reihen zog nun in Linie vorwärts mit Zehengang, Kniewippgang und kehrte dann rückwärts gehend wieder zur Aufstellung. Es formten sich nun beide [Stirn-Reihen] in Flankenreihen [durch ¼ Drehung] nach Innen um, und reiheten sich die I rechts, die II links zu Viererreihen, von den Ersten an beginnend. Dann wendeten sich die einzelnen Viererreihen nach ihren Letzten um [durch ¼ Drehung r. und l.], worauf alle [Vierer-] Flankenreihen sich mit vier Schottischhüpfen vorwärts öffneten zur Stellung der offenen Reihen und Rotten.

Nachdem Vor-, Rück-, Seitschritte auch mit Drehungen ausgeführt worden, ward mit Armbewegungen und Kastagnettenübungen begonnen.

Einzelne Schläge mit Ab-, Vor-, Seit-Aufschnellen der Arme. Hoch-Seit-Abschwingen der Arme, mit drei Klappen, einzelnen Klappen und Wirbel von drei Zeiten. Dieselben Uebungen wechselarmig. Auch ohne Klappe. Hochschwingen beider Arme und Senken nach einer Seite, zuerst links, dann rechts, je in drei Zeiten [Spieß: beidarmiges Hoch-LinksAb im Wechsel mit Hoch-Rechts-Ab], mit drei Schlägen oder Wirbel. Handkreisen mit Seit-, Vor-, Ab-, Hochschnellen in dritter Zeit [was man jetzt Haspel der Unterarme nennt]; Kreuzen und Handkreisen im Wechsel. An-aus-ausschnellen.

Nun folgten Gang- und Hüpfarten ohne Mitbewegung der Arme.

Wiegegang; auf d. Zehen; mit Fußwippen; mit Hopfen; mit
Kniewippen bei [den] 3. Tritten; mit Drehen. Beide Säulen traten
dabei bald gleich an, dann aber auch widergleich; Kreuzzwirbeln im
Gehen mit Wiegeschritt; dreimaliges Kreuzzwirbeln mit Wiegeschritt;
diese Uebungen ebenso im Hüpfen; Kreuzzwirbeln mit Schlußtritt im
⁴/₄ T.; Schrittzwirbeln im ³/₄ und ⁴/₄ T., [letzteres] mit Schlußtritt;
Spreizzwirbeln im ⁴/₄ T., dieselbe Uebung im Wechsel mit vier Kreuz=
hüpfen; drei Kreuzhüpfe mit Wiegeschritt; zwei Kreuzhüpfe mit Wiege=
hupf; Schwenkhopfen im ⁴/₄ T.; Schottischzwirbeln mit Dreitritt; drei=
maliges Spreizzwirbeln mit Dreitritt in 4 ⁴/₄ T.

Nachdem zuerst einige der vorausgenannten Uebungen ohne Arm=
bewegungen dargestellt worden, ward mit den meisten genannten die
Armbewegung verbunden und zwar in wechselvollster Vertheilung der
Arten und Klappweisen.

Die meisten dieser Hin= und Herbewegungen wurden von den
beiden Säulen gleich und widergleich beginnend geordnet und einige
Bewegungsarten wurden auch in den Bewegungslinien [des „Kreuzes"]
+ gemacht, so namentlich das Schrittzwirbeln mit Schlußtritt und
Klapp beider seitschwingenden Arme je in erster Zeit. Zugleich mit
dieser Bewegung sangen dann auch die Schülerinnen einen Vers des
Liedes: „Ich will mir Mal die Welt beseh'n." Nachdem alle Reihen
geschlossen, mit Rechtsum in Stirn umgestaltet, ward mit vier Galopp=
hüpfen zu einer Säule von 6 Achterreihen, welche links in die Flanke
sich drehten, gehüpft [je die 2. Viererreihen führten also ein l. Neben=
reihen mit Galopphüpfen aus und Alle drehten sich zuletzt l. um].
Alle schritten und sangen den Wechselsang: „Es tönen die Lieder" gleich=
mäßig schreitend und einstimmig singend. Die Schrittweise der drei
Sätze war 1) 12 Schritte ³/₄ Takt, 2) 4 Wiegeschritte, 3) Kreuz=
zwirbeln mit Wiegeschritt ein Mal hin und her. Dann schlossen sich
mit Galopphüpfen nach Innen je zwei Achterreihen zu Zügen von 8
Zweierrotten in Stirn, [die 1. und 2. Flankenreihe von 8 Mädchen
hüpften also seitwärts l. u. r. zu einander, so daß die vorderen Führerin=
nen geschlossen neben einander in Stirn standen; ebenso schlossen sich die
3. und 4. Flankenreihe und die 5. und 6. Achterreihe, so daß drei „Züge"
entstanden], worauf zuerst von den 3 Zügen der Wechselsang und =Schritt,
in den einzelnen Zügen mit gleichem Linksantreten beginnend, dreistimmig
wie dreischrittig so gesungen und gegangen wurde, daß nach einander je
nach 4 ³/₄ Takten [die] drei Züge die Sang= und Schrittweise begannen,

zuerst der rechte, dann der mittlere und zuletzt der linke Zug. Nach dreimaliger Wiederholung endete die Uebung und zum Schlusse ward dieselbe in der Weise unternommen, daß nun rechte und linke Reihen der einzelnen Züge nach Außen, d. h. widergleich antraten, so daß die beiden Reihen jedes Zuges ihre Hin= und Herbewegung nach Außen und Innen machten.

Sofort ward die Säule der Viererreihen und dann die Linie beider widergleich gereiheten Stirnreihen, die ursprüngliche Aufstellung wieder hergestellt, worauf dann am 15. Dez. der Aufzug zum Reigen alsbald begann. Am 16. Dez. dagegen übten vor dem Reigen die Mädchen beider Abtheilungen gleichzeitig das Laufschweben an beiden Rundläufen [Spieß: Kreisschwingeln], wo je 2 Viererreihen in wider= gleicher Richtung, im Hang an linken und rechten Armen die Kreismitten umzogen, worauf dann der Reigen zweimal getanzt ward, zuerst von den Mädchen, welche als überzählige am 15. ausgeschlossen waren, dann wieder von den Reignerinnen, die am 15. getanzt. Alle Mädchen hatten Kleider, deren unterer Saum gleichen Abstand vom Boden hatte und zudem hatten alle rechten Führerinen der Paare an der Handwurzel beider Arme zwei dünne seidene flatternde weiße Bandschleifen befestigt, während die linken Führerinnen solche von rother Farbe trugen [weiß und roth: die hessischen Farben].

Bemerkungen über den Gassenreigen.

Kann auch so gezogen werden, daß im Wechsel die Rechten und dann die Linken nach einem Zwischenzuge (rechts, links) die kleinen Wechsel nur mit Nebenpaaren tanzen, so daß z. B. während die Rechten den Wechsel tanzen, die Linken ihren Zwischenzug [s. oben S. 31] machen.

Bei einem Reigen von 12 Paaren kann geordnet werden, daß während die 4 Paare der Ersten und die der Letzten den Zwischenzug zuerst von [den] inneren zu [den] äußeren Malen, die 4 Paare der Mittlern diesen Zwischenzug nach [den] Ersten und Letzten machen, worauf dann [die] Ersten und Letzten den Zwischenzug nach [den] Ersten und Letzten machen, während zugleich die Mittleren nach [den] äußeren und [den] inne= ren Malen ziehen.

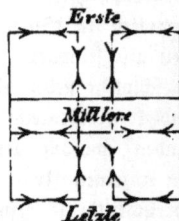

Bemerkungen

über verschiedene Zwischenzüge von doppelter Zeitdauer, bei ununterbrochener
Folge der kleinen Wechsel der Gegen- und Nebenpaare.

Der Reigen in Gassenstellung kann auch so gezogen werden, daß
1) der Vor- oder Zwischenwechsel *) (z. B. das „Begegnen“) anstatt
in den gewöhnlichen 16 Zeiten bei $^4/_4$ Takt, oder den 24 Zeiten bei
$^3/_4$ Takt in doppelt so viel Zeiten, also in 32 oder 48 Zeiten gezogen
wird, worauf dann die kleinen Wechsel, ohne Unterbrechung aufeinanderfolgend zuerst von den Gegenpaaren und dann von den Nebenpaaren
getanzt werden, oder zuerst von Neben- und dann von Gegenpaaren.

Diese Zwischenzüge von doppelter Zeitdauer können nun so geordnet [werden], daß z. B. statt des einmaligen Begegnens ein zweimaliges gemacht wird; daß Rechte und
Linke zuerst miteinander rechts ziehen und dann
links; daß [s. die Figur] von inneren zu äußeren
Malen gezogen wird mit 8 Schr., dann auf
den äußeren Malen nach den Ersten hin und
Letzten her mit [8 + 8 =] 16 Schr., dann nach
den inneren Malen mit 8 Schr. = 32 Schr.

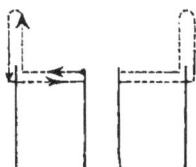

Bei einem Gassenreigen von 32 Reignern kann auch ein Umzug
längs der Rechten und Linken von 32 oder 48 Schritten als Zwischenzug geordnet werden:

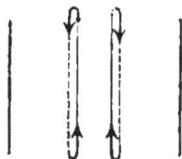

oder es wird zuerst mit 8 Schritten Hinzug zu den äußeren Malen,
dann Gegenzug mit 16 Schr. und dann in versetzter Ordnung Herzug
mit 8 Schr. nach den inneren Malen gemacht = 32 Schr., so daß
die Ersten und Letzten ihren Stellungsort bei jedem Zwischenzug wechseln:

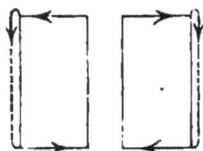

---

*) Ueber — wechsel ist übergeschrieben: (zug). — W.

Aufgekommen Donnerstag, 9. bis 15. März 1854.

2. Reigen zu dem Liede „der Mühlknappe", von A. Zöllner.
²/₄ Zeit.

Der Mühlknappe.

1. Das Wandern ist des Müllers Lust, das Wandern ist des Müllers Lust, das Wandern! Das müßt' ein schlechter Müller sein, dem niemals fiel das Wandern ein, dem niemals fiel das Wandern ein, das Wandern.

2. Vom Wasser haben wir's gelernt,
   Vom Wasser haben wir's gelernt, vom Wasser!
   Das hat nicht Ruh' bei Tag und Nacht,
   Ist stets auf Wanderschaft bedacht,
   Ist stets auf Wanderschaft bedacht, das Wasser!

3. Das seh'n wir auch den Rädern an,
   Das seh'n wir auch den Rädern an, den Rädern!
   Die gar nicht gerne stille stehn,
   Und sich mein Tag nicht müde dreh'n,
   Und sich mein Tag nicht müde dreh'n, die Räder!

4. Die Steine selbst, so schwer sie sind,
   Die Steine selbst, so schwer sie sind, die Steine!
   Sie tanzen mit den muntern Reih'n,
   Und wollen selbst noch schneller sein,
   Und wollen selbst noch schneller sein, die Steine!

5. O Wandern, Wandern meine Lust,
   O Wandern, Wandern meine Lust, o Wandern!
   Herr Meister und Frau Meisterin
   Laßt mich in Frieden weiter zieh'n,
   Laßt mich in Frieden weiter zieh'n, und wandern!

5

Achterreihen stehen in Säule und werden eingetheilt in r. u. l. Viererreihen, die Viererreihen in r. u. l. Zweierreihen und diese in r. u. l. Führer [genau ausgedrückt ist also jede sog. Achterreihe ein Reihen= körper=Gefüge: 87|65|43|21].

1. B. „Das Wandern ist des Müllers Lust" 2c.

1. R. Führer [jedes Paares] umkreisen die l. F. links mit 8 Schritten.
2. L. F. „ „ „ „ r. F. rechts „ 8 „
3. R. Paare „ „ l. P. links „ 8 „
4. L. P. „ „ r. P. rechts „ 8 „
5. [Beide] Viererreihen mit verschr. Armen [gleich= zeitig] ganze Schwenkung um die Mitte der Reihe rechts „ 8 „
6. [Beide] Viererreihen mit verschr. Armen [gleich= zeitig] ganze Schwenkung um die Mitte der Reihe links „ 8 „
7. Viererreihen ziehen mit 4 Schr. zum „Begegnen" vorwärts einander gegenüber, [nach innen schwen= kend] und dann rückwärts [gehend] mit 4 Schr. zur Grundstellung „ 8 „

7mal 8 = 56 Schritte.

2. B. „Vom Wasser haben wir's gelernt" 2c.

1. R. Führer [der einzelnen Paare] wogen mit 8 Schritt vor= und rückwärts [d. h. sie gehen 4 Schritte vorw. und ohne Drehung 4 Schritte rückw. und gleichzeitig mit ihnen die] l. F. wogen mit 8 Schritt rück= und vorwärts mit 8 Schritten.
2. L. F. wogen mit 8 Schritt vor= und rückwärts [und gleichzeitig] r. F. wogen mit 8 Schritt rück= und vorwärts „ 8 „
3. R. Paare wogen vor= und rückw.; l. P. rück= und vorwärts „ 8 „
4. L. P. wogen vor= und rückw.; r. P. rück= und vorwärts „ 8 „
5. R. Viererreihen wogen vor= und rückw.; l. V. rück= und vorw. „ 8 „
6. L. Viererreihen wogen vor= und rückw.; r. V. rück= und vorw. „ 8 „

7. Beide Viererreihen machen nach Innen „Um“, d. h.
die r. B. links=, die l. B. rechts um und dann
wird mit 2 Seitschritten mit Nachstellen nach den
Ersten hin und ebenso nach den Letzten zurück
[also 4 Schritte hin, 4 Schritte her] gezogen zur
Grunbstellung   mit 8 Schritten.
$$7\text{mal } 8 = 56 \text{ Schritte.}$$

NB. Anstatt 7. wird besser das Wogen der Achterreihen zum
Schlusse gezogen.

---

3. B. „Das seh'n wir auch den Rädern an“ ꝛc.

1. Die Paare kreisen mit „Rad rechts“ [die Einzelnen jedes Paares
hängen den r. Ellenbogen ein und gehen gleichzeitig r. im Kreise
herum; s. oben S. 8]   mit 8 Schritten.
2. Die Paare kreisen mit „Rad links“   „ 8 „
3. Doppelpaare kreisen mit „Mühle rechts“   „ 8 „
[Also giebt es aus je 8 Nebnern 2 Mühlen, jede
von 2 Paaren ausgeführt; vergl. S. 22 u. 56.]
4. Doppelpaare kreisen mit „Mühle links“   „ 8 „
5. Die 4 Paare folgen den Ersten P. in Säule zum
„Umzug links“ in möglichst kleiner Kreislinie
und zurück zur Grundstellung mit 16 Schritten „ 16 „
[Hierbei reihen sich also die Paare zunächst hinter
das links fortziehende rechte Paar].
6. Die Viererreihen wogen vor= und rückw.   „ 8 „
$$7\text{mal } 8 = 56 \text{ Schritte.}$$

NB. Anstatt 6. besser Ganze Schwenkung der Viererreihen rechts.

---

4. B. „Die Steine selbst, so schwer sie sind“ ꝛc.

1. Paare mit Fassung der beiden Arme im Ellenbogengelenke ziehen
seitw. links mit 4 Galoppschritten [d. i. mit 8 gewöhnlichen
Seitschritten] zum „Ring rechts“   mit 8 Schritten.
[Die Einzelnen jedes Paares drehen sich beim
Beginne des Verses zur Gegenstellung; die Gegner
heben und erfassen gegenseitig die gebogenen Arme].

2. Paare mit Faſſung der beiden Arme im Ellen=
bogengelenke ziehen mit 4 Galoppſchr. ſeitw. rechts
zum „Ring links"   mit 8 Schritten.

3. Doppelpaare bei übers Kreuz gefaßten beiden Händen
mit 4 Galoppſchr. ſeitw. links, zum „Ring
rechts"   „ 8   „

4. Doppelpaare bei übers Kreuz gefaßten beiden Hän=
den mit 4 Galoppſchr. ſeitw. rechts, zum „Ring
links"   „ 8   „

5. Vier Paare mit Schulterfaſſen der Hände [je 8
Nebner als eine Ring=Reihe] ziehen mit 4 Galopp=
ſchritten ſeitw. links zum „Ring rechts"   „ 8   „

6. Vier Paare mit Schulterfaſſen der Hände [je 8
Nebner als eine Ring=Reihe] ziehen mit 4 Galopp=
ſchritten ſeitw. rechts zum „Ring links"   „ 8   „

7. Die Viererreihen wogen mit 4 Schritt rückwärts
in die Grundſtellung und gehn noch 4 Schritte
an Ort. NB. Beſſer Zurückziehen mit 4 Galopp=
ſchritten rückwärts [d. h. mit 8 Seitſchritten den
Ring der ſog. Achterreihen wieder zur geraden
Stirnordnung umformen].   „ 8   „
                                            _____
                                            7mal 8 = 56 Schritte.

B. 5. „O Wandern, Wandern meine Luſt" ꝛc.

1. Die Einzelnen der Paare machen „Um nach Innen", ſo daß alle
linken und alle rechten Führer, als zwei Flankenreihen [!!] bei
entgegengeſetzter Stirn, in zwei nahe bei einander gleichlaufenden
Stellungslinien ſtehen und machen ſofort mit [4 + 4 =] 8 Schritten
vorwärts einen Hin= und Herzug, wobei alle Rechts kehrt machen.
„Rechtsvorüberziehen der Einzelnen"   mit 8 Schritten.

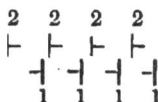

2. Sofort, nachdem rechte und linke Führer ihre Stellungslinien vertauscht, wird das „Vorüberziehen links" gemacht   mit 8 Schritten.

3. Die Paare machen das „Rechtsvorüberziehen", wobei nach „Innen Kehrt" gemacht wird   „ 8 „

4. Die Paare machen das „Linksvorüberziehen"   „ 8 „

5. Die Viererreihen ziehen vorwärts mit 4 Schritten und machen dann halbe Schwenkung rechts um die Reihenmitte mit 4 Schr.   „ 8 „

6. Die V. ziehen wieder vorwärts und machen wiederum halbe Schwenkung rechts   „ 8 „

7. Die V. ganze Schwenkung rechts und Grundstellung   „ 8 „

$$7 \text{ mal } 8 = 56 \text{ Schritte.}$$

NB. Anstatt 7. besser Galoppgehen (siehe 2. V. 7.)

[Vers 5. ließ ich auch einfach als „Kette im Kreise" von Paaren gehen; wie erhielten die Paare die Kreisstellung? Bei Auffassung jeder sog. Achterreihe als ein Reihenkörper-Gefüge schwenkten die inneren Paare vor die äußeren und die Kette konnte alsbald gezogen werden.]

I Stellung.   II Stellung.

   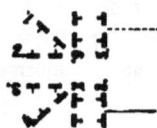

NB. Derselbe Reigen kann auch gezogen werden, wenn je Viererreihen Stirn nach Innen in einer „Gasse" stehen, so daß je zwei Nebenpaare mit den gegenüberstehenden Gegenpaaren ein Zusammen von 4 Paaren bilden. Selbst für den 2. Vers „Vom Wasser" ꝛc. kann diese Stellung eingehalten werden, wenn auch das Einschwenken je der Viererreihen (der rechten und linken Nebenpaare), nach den Ersten hin, die Säule der Achterreihen leicht herstellen läßt.

Auch in der Kreisstellung kann dieser Reigen gezogen werden, was leicht zu ordnen ist.

Dreistimmiger Wechselsang: „Erwacht ihr Schläfer drinnen, der Kuckuk hat geschrie'n", mit dreischrittigem Wechselgang.
⁴/₄ Takt.

Ein jeder der drei Abschnitte zählt 8 ⁴/₄ Zeiten = 32 Schritte.

Er‑wacht, ihr Schlä‑fer drin‑nen, der Kuk‑kuk hat ge‑schrie'n; dort

auf des Ber‑ges Zin‑nen sieht man die Sonn' er‑glüh'n; er‑

wachet, er‑wachet, der Kuk‑kuk hat ge‑schrie'n; er‑wachet, er‑

wachet der Kuk‑kuk hat ge‑schrie'n; Kuk‑kuk, Kuk‑kuk, Kuk‑

kuk, Kuk‑kuk Kuk‑kuk, Kuk‑kuk, Kuk‑kuk, Kuk‑kuk Kuk‑kuk Kuk‑kuk.

A. (Für Einzelne.)

Zum 1. Abschn. „Erwacht ihr Schläfer drinnen":

Vor‑ und rückwärtsziehen, 4 Schritte je für einen Hinzug und 4 Schr. für den Herzug, in einer geraden Linie. Wird 4 mal und zwar im Kreuz ✚ gemacht, so daß mit dem letzten Schritte jedes Herzugs stets ein „Rechtsum" (oder „Linksum") erfolgt. Dabei kann Linksantritt geordnet werden, die gewöhnliche Weise; oder Rechtsantritt, die andere Weise, was auf die ganze Folge der drei Schrittweisen eine durchgreifende Aenderung bewirkt.

Zum 2. Abschn. „Erwachet, Erwachet" ꝛc.

Schrittzwirbeln mit Schlußtritt seitwärts hin und seitwärts her; (mit) je vier Zeiten für einen Hinzug und 4 Z. für einen Herzug. Wird

4 mal und zwar im Kreuz + gemacht, so daß mit dem letzten Schritte
eines Herzuges je ein „Rechtsum" (oder „Linksum") erfolgt. Auch hier
wird für die gewöhnliche Weise, mit dem Linksantritt der Hinzug seitw.
links geordnet, oder mit Rechtsantritt der Hinzug seitw. rechts.

Zum 3. Abschn. „Kuckuk, Kuckuk!"

Galoppgang mit zwei Seitschritten und zwei Nachstelltritten zur
geschlossenen Stellung in 4 Z. hin und ebenso in 4 Z. her. Hin= und
Herzug [je mit diesen 4 gewöhnlichen Seitschritten] werden 4 mal und
zwar im Kreuz + gemacht, [weshalb am Schlusse jedes Herzuges
¼ Drehung ausgeführt werden muß]; im Uebrigen beziehen wir uns
auf die oben gemachten Bemerkungen über das „Links= oder Rechts=
antreten."

B.

Je vier Paare stellen sich in Vierungen:

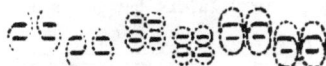

Zum 1. Abschn. Oeffnen und Schließen der Doppelpaare 2 mal,
je mit 16 Schritten. [Vergl. oben S. 54.]

Zum 2. Abschn. Kette der 4 Paare im Ring 2mal.

Zum 3. Abschn. Kreisen zuerst der Gegenpaare, dann der Neben=
paare rechts, je in 16 Schr.

C.

Je vier Einzelne stellen sich in Vierungen:

Wie bei B., doch so, daß alle Wechsel hierbei verdoppelt werden.

D.

Je vier Viererreihen stellen sich in Vierungen:

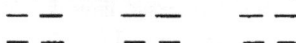

Wie bei B.

E.

Je 8 Paare stellen sich in Säule:

[Eine andere Schreitung zu dem Kanon: „Erwacht, ihr Schläfer brinnen", ist folgende:

1. Theil: a) Vor= und rückwogen, je mit 4 Schritten, s. S. 66.
    b) Schrittzwirbeln l. und r. je „   4   „
    c) Rück= und vorwogen je „   4   „
    d) Schrittzwirbeln r. und l. je „   4   „

2. Theil: Wiederholung der Schreitung nach einer Vierteldrehung Aller.

3. Theil: Wiederholung der Schreitung nach einer Kehrung Aller.

Oder:

2. Theil: a) Seitwogen l. und r.
    b) Vor= und rückwogen
    c) Rück= und vorwogen
    d) Seitwogen r. und l.
    Kehrung Aller am Schlusse.
} je 4 + 4 Zeiten.

3. Theil: a) Schrittzwirbeln l. u. r.
    b) Rück= und vorwogen
    c) Vor= und rückwogen
    d) Schrittzwirbeln r. u. l.
} je 4 + 4 Zeiten.

Für alle obigen Schreitungen kann man auch folgenden Kanon wählen:

Süß-re Lust ist nicht auf Er-ben, als der Ar-men Trost zu wer-ben; Wohl-thun macht der Gott-heit gleich, Wohl-thun macht der Gott-heit gleich und die Welt zum Him-mel-reich. Süß-re Lust ist nicht auf Er-ben, als der Ar-men Trost zu wer = den, Wohl = thun macht der Gott = heit gleich, Wohl = thun

macht der Gott = heit gleich und die Welt zum Him = mel = reich.

Süß = re Luft ist nicht auf Er = den als der Ar = men Trost zu

wer = den, Wohl = thun macht der Gott = heit gleich und die

Welt zum Him = mel = reich.]

Aufgenommen Freitag, 17. März 1854.

3. Reigen zu dem Liede: „Hinaus mit Sang und Klang". Von Dr. Weismann.

Weise von Ad. Spieß. 4/4 Zeit.

Munter.

1. { Hin = aus mit Sang und Klang! Es strahlt vom Him = mels = bo = gen die
Die Wol = ken nim = mer ruh'n und rast = los zieh'n die Wo = gen: so

Son = ne un = serm Gang, die blau = e Fer = ne lacht; } { O
wol = len wir auch thun, auf Wan = der = schaft be = dacht! } { Ihr

se = li = ge Luft in's Frei = e zu wal = len! wie
Vö = gel laßt schmet = tern = de Lie = der er = schal = len, euch

hebt sich die Brust, wie beschwingt sich der Fuß!   Hal-
sei drum zu-erst auch ge -   bracht un-fer Gruß.

loh,   Hal-loh,   Hal-loh,   Hal-loh,   Hal-loh,   Hal-loh,   Hal-

loh,   Hal = loh,   Hal-loh,   Hal - loh,   Hal-loh,   Hal-

loh,   Hal - loh,   Hal - loh! *)

2. Gegrüßt mein grüner Wald
Mit deinen dunkeln Hallen;
Mit schmeichelnder Gewalt
Ziehst du uns zu dir hin.
Verstohlen nur kann Licht
Durch deine Wipfel fallen,
Aus süßer Dämm'rung spricht
Es still zu unserm Sinn.
Und ruh'n wir gelagert an kühlenden Quellen
Und schauen hinauf zu dem Dome voll Ruh':
Dann strömet hernieder auf luftigen Wellen
Erquickung und himmlischer Friede uns zu.
    O wie schön ist's in dem grünen Wald!
    Wie ruht sich's süß im Wald.
    O wie schön ist's in dem grünen Wald,
    In dem grünen, grünen Wald!

3. Doch weiter zieh'n wir fort; .
Seht wie die Berge winken!
Weit am erhab'nen Ort
Ist's Land uns aufgethan.
Klimmt festen Schritts empor,
Nicht laßt den Muth entsinken:
Der ist ein feiger Thor,
Der flieht die steile Bahn!

---

*) So hat mir Spieß die Weise eigenhändig aufgeschrieben. Die Abände-
rungen des 3. Theiles, die der Text des 2. und 3. Verses nöthig macht, find
leicht zu finden.   W.

O Wonne, hinab in die Thäler zu schauen
Weit über das Land und die Städte darin!
Und dann zu dem Himmel empor mit Vertrauen,
Er führt uns mit sicherem liebenden Sinn.
Frisch frei fröhlich fromm ist Turner Hort;
Frisch frei, frisch frei und fromm. *)

Dr. Weismann.

Das Lied hat 3 Verse. Ein jeder Vers bestehet aus 3 Abschnitten von je 8 $^4/_4$ Tacten = 32 Schritten; zusammen = 96 Schritte. Die gleiche Folge von Wechseln wiederholt sich bei den drei Versen.

A.

Die Säule der Viererreihen ziehet links durch die Umzugslinie, bei doppeltem Abstande der Reihen von einander.

1. Zweimal ziehen bei verschränkten Armen die Viererreihen mit großen 4 Schritten vorwärts und gehen dann mit 4 Schritten an Ort (oder mit kleinsten Schritten rückwärts) [2mal 4 + 4] = 16 Schritte.

2. Zweimal ziehen bei hochgefaßten Händen die Viererreihen mit großen 4 Schritten und Oeffnen der Reihe von der Mitte aus vorwärts, worauf je nach einer weiteren Fortbewegung mit 4 Schritten nach der Reihenmitte das Schließen der Reihe erfolgt. [2mal 4 + 4] = 16 Schritte.

Diese [beiden] Wechsel zu den ersten Abschnitten der Verse erfolgen [demnach] mit 32 Schritten.

3. Die Viererreihen ziehen zuerst im Stern rechts mit 8 Schritten und sofort im Stern links mit 8 Schritten (an Ort) = 16 Schritte.

4. Die Doppelpaare der Viererreihen [!!] in rechte und linke Paare getheilt schwenken untereinander zur Gasse ein und ziehen zum „Oeffnen und Schließen der Paare" zwei Mal, so daß jedes Paar je mit 4 Schritten 2 Mal das Oeffnen und Schließen macht. Es wird geordnet, daß die linken Paare zuerst öffnen (an Ort hin und her) = 16 Schritte. [Vergl. oben S. 54.]

Diese Wechsel zu den zweiten Abschnitten der Verse erfolgen [ebenfalls] mit 32 Schritten.

5. Die Doppelpaare stehen in Stirn einander gegenüber in der Gasse, und machen den Hin= und Herzug mit je 4 Galoppschritten

*) Heißt es vielleicht in der letzten Zeile:
„Frisch, frei; frisch, frei; fröhlich, frisch, frei, fromm". — ?

seitwärts [1 Galoppschritt gleich 2 Seitschritten] nach [den] Ersten und [den] Letzten in 8 Tritten; 2 Mal [8] = 16 Schritte.

6. Die Doppelpaare bleiben in der Gassenstellung, doch gestalten sich durch „Um" nach den Ersten alle [Stirn=] Paare in die Flanke [?] um und wiederholen sofort diesen Hin= und Herzug (5) nach Außen und Innen 2 Mal = 16 Schritt, worauf die [durch Nebenreihen von 2 und 3 nach Innen] geschlossenen Viererreihen zum 2. Vers weiterziehen.

Diese Wechsel zu den dritten Abschnitten der Verse erfolgen mit 32 Schritten.

NB. Bei dem 4. Wechsel machen die je öffnenden Paare stets mit dem ersten Schritte ein Händeklappen. Bei dem 6. Wechsel erfolgt je mit dem ersten Tritte eines Galoppschrittes Aufschwingen beider Arme und Senken derselben, je mit dem zweiten Tritte (Nachstelltritt) eines Galoppschrittes.

B.

Der Reigen kann auch so gezogen werden, daß je Doppelpaare in Säule hintereinander stehen, gleichsam eine Säule von Zweierreihen schreitet. Je ein vorderes und hinteres Paar schreiten miteinander die Wechsel. Bei dem 2. Wechsel wird das Öffnen und Schließen mit oder ohne Händefassen gemacht, bei dem Wechsel 3 machen alle vorderen Paare nach Innen Kehrt und stehen somit Stirn gegen Stirn den hinteren Paaren gegenüber. Bei den Wechseln 5 und 6 stellen sich zuerst bei (5) die Einzelnen der Paare in Stirn einander gegenüber und schreiten den Hin= und Herzug nach [den] Ersten und [den] Letzten, bei (6) stellen sich alle Einzelnen der Paare wiederum in Stirn nach den Ersten, und schreiten dann den Hin= und Herzug nach Außen und Innen. [Die Reigner bilden ein Reihenkörper=Gefüge, dessen größeste Glieder Zweireihenkörper sind!]

C.

Eine dritte Zugweise für dieses Lied ist:

a) Bei den ersten Abschnitten der 3 Verse wird stets nur mit den Wechseln bei (1 A) gezogen.

b) Bei den zweiten Abschnitten der 3 Verse wird je in einem andern Wechsel gezogen, so daß bei dem 1. Verse, zwei Mal der Stern rechts und links, bei dem 2. Verse, zweimal das Oeffnen und Schließen, bei dem 3. Verse, zwei Mal die Mühle der Paare rechts und links gezogen wird.

c) Bei den dritten Abschnitten der 3 Verse wird stets zuerst von den geschlossenen Stirnreihen (Viererreihen oder Zweierreihen, bei A oder B) mit 4 Schritten vorwärts und dann mit 4 Schritten an Ort gezogen, (oder besser mit 8 Schritten vorwärts gezogen) worauf dann ein Mal der Hin= und Herzug (A 5) mit 8 Schritten gemacht wird. Diese beiden Wechsel werden dann wiederholt.

NB. Bei dieser Folge der Wechsel, welche die Wandelungen des Reigens weniger mannigfaltig erscheinen läßt, gewinnt die umziehende Säule mehr Raum, die Haltung ist eine ruhigere und nur die einzelnen Verse heben bei den mittleren Abschnitten Unterschiede hervor. Es kann dabei die Grundstellung bei A, sowohl, als die bei B geordnet werden.

D.

Eine Gangweise für dieses Lied, welche nicht den Reigen, sondern mehr die Wechsel in der Bewegung der Einzelnen von Reihen und Rotten in der Aufstellung bezweckt, ist folgende:

Die offenen Viererreihen stehen in gerader Säule und in Flanke nach dem linken Führer, so daß der Reihenkörper offene Reihen und Rotten von gleichgroßem Abstande (zu 2 bis 3 Schritten von Mann zu Mann) hat [er ist also eine Säule von Flankenreihen, in denen die ursprünglich I. Führer der Stirnreihen vorn stehen].

Die drei Verse werden mit verschiedenen Wechseln geschritten, und es erstreckt sich diese Verschiedenheit bis auf die drei Abschnitte eines jeden Verses.

Erster Vers.

Bei dem ersten Abschnitt gehen die Einzelnen (mit Linksantreten) an Ort und machen je mit dem letzten von 8 Schritten Rechts um, was bei den zugemessenen 32 Schritten 4 Mal geschieht. Je bei dem ersten von 8 Schritten erfolgt ein Händeklappen (oder [ein Klapp] mit den Kastagnetten).

Bei dem zweiten Abschnitte gehen die Einzelnen an Ort und machen je mit dem ersten von 2 Tritten, der betont wird, ein „Links um," so daß nach 8 Zeiten eine ganze Drehung links gemacht ist; dabei wird während der Dauer dieser Bewegung der linke (rechte) Arm seitlings, der rechte (linke) Arm im Stütz auf der Hüfte gehalten.

Bei den folgenden 8 Zeiten wird ebenso gegangen mit viermal Rechts um, wobei der rechte Arm seitlings, der linke Arm im Stütz auf der Hüfte

78   Reigen von A. Spieß.

gehalten wird. In den folgenden 16 Zeiten werden diese beiden
Bewegungen wiederholt.

Bei dem dritten Abschnitte gehen die Einzelnen an Ort und
machen je mit dem ersten von 4 Tritten im Wechsel Linksum, und dann
Rechtslehrt, Linkslehrt, Rechtslehrt u. s. f., was bei den zugemessenen 8 mal 4
Zeiten viermal wiederholt wird, doch so daß auch die letzte Drehung Rechts=
um, zur Herstellung der ursprünglichen Stirn, wie die erste Drehung nur eine
Viertelbrehung ist. Je mit den Linksbrehungen wie mit den Rechtsbrehungen
machen beide Arme einen Aufschwung vorwärts nach Oben während der
ersten und zweiten Tritte und einen Abschwung der Arme während der
dritten und vierten Tritte. Auch mit Klapp der Hände oder Kastagnetten.

E. Zweiter Vers.

Bei dem ersten Abschnitte gehen die Einzelnen mit 4 Schritten vor=
und mit 4 Schritten rückwärts und machen diesen Hin= und Herzug
[dieses „Wogen"] in den zugemessenen 32 Zeiten 4 Mal.

Je bei den Hinzügen machen alle Rottleute Händehochfassen, bei den Her=
zügen Handstütz auf den Hüften oder Abhangen der Arme, oder es wird je mit
dem ersten Schritt des Hinzuges ein Händeklapp oder Kastagnettenklapp
gemacht mit Aufschwung der Arme.

Bei dem zweiten Abschnitt ziehen die Einzelnen mit Schrittzwirbeln
und Schlußtritt seitwärts links in 4 Zeiten und dann mit Schrittzwirbeln
und Schlußtritt seitwärts rechts in 4 Zeiten, und machen diesen Hin=
und Herzug in den 32 Zeiten 4 Mal. Je mit dem ersten Schritte des
Hin= und Herzuges wird ein Seitschwung beider Arme links (rechts)
mit einem Klapp der Kastagnetten gemacht.

Bei dem dritten Abschnitt ziehen die Einzelnen mit 2 Galopp=
schritten seitwärts links und dann mit 2 Galoppschritten seitwärts rechts.
Dieser Hin= und Herzug wird in 8 Zeiten, in den 32 Zeiten [also]
4 Mal gemacht. Je mit den ersten Tritten eines Galoppschrittes links
wird der linke, je mit den ersten Tritten eines Galoppschrittes rechts
wird der rechte Arm seitwärts auf= und sofort je mit den zweiten
Schlußtritten abgeschwungen, während der andere Arm abhangt, oder
der Hüfte aufgestützt bleibt.

Dritter Vers.

Bei dem ersten Abschnitt ziehen die Einzelnen den Hin= und Herzug
des entsprechenden Abschnittes, wie bei dem 2. Verse, jedoch im Kreuz,
indem am Schlusse jedes Herzugs Rechtsum gemacht wird, so daß mit

dem Ende der 4 Hin= und Herzüge die ursprüngliche Stirnstellung hergestellt ist.

Bei dem zweiten Abschnitt ziehen die Einzelnen den Hin- und Herzug des entsprechenden Abschnittes, wie bei dem 2. Verse ebenfalls im Kreuz.

Bei dem dritten Abschnitt wird von den Einzelnen der Hin= und Herzug des entsprechenden Abschnittes, wie bei dem 2. Verse, ebenfalls im Kreuz dargestellt.

Bemerkung. Es kann auch geordnet werden, daß zum ersten Antritt der rechte Fuß bestimmt wird und im Zusammenhange damit anstatt der oben gesetzten Drehung rechts, oder links, stets die Drehung links, oder rechts (siehe die Bewegungen des ersten Abschnittes B. 1) geboten werden. Damit gilt auch bei den Hin- und Herzügen vorwärts oder seitwärts, das Antreten rechts je für die Hinzüge und das Linksummachen nach jedem Hin- und Herzuge, sobald derselbe im Kreuze gemacht wird. Anderer Bestimmungen für das Drehen wollen wir hier nicht gedenken, da leicht zu ersehen ist, wie z. B. nach jedem Herzuge eine beliebige Drehung rechts- oder linksum gemacht werden kann, unbeschadet der Bewegung im Kreuze.

———

Geschritten und gesungen beim Festturnen 15. und 16. December 1853. [S. hierüber oben S. 62.]   Aufgezeichnet am 21. März 1854.

Dreistimmiger Wechselsang; „Es tönen die Lieder, der Frühling kehrt wieder", mit dreischrittigem Wechselgang.

³⁄₄ Tact.

Es tö‑nen die Lie‑der, der Früh‑ling kehrt wie‑der; es

lie‑belt der Hir‑te auf sei‑ner Schal‑mei, la

la la la la la la la la la la la la la la la la.

Achterreihen, oder Viererreihen (auch Sechser= oder Dreierreihen) stehen in Säule und werden bei einem Abstande der Reihen= und Rotten= leute von 2 bis 3 Schritten links in die Flanke gestellt, [bilden also

schließlich eine Flanken-Säule; die ursprünglich linken Führer der Stirn=
reihen stehen in den Flankenreihen vorn.]

Ein jeder der drei Abschnitte zählt 4¾ Zeiten 12= Schritte.

A.

Zum ersten Abschnitt „Es tönen die Lieder ꝛc.“:

Die Einzelnen gehen mit Linksantreten zwölf Schritte im ¾ Tact
an Ort, wobei stets die ersten von 3 Tritten betont werden.

Zum zweiten Abschnitt „Es liebelt der Hirte ꝛc.“:

Die Einzelnen gehen mit 4 Wiegeschritten seitw. links und seit=
wärts rechts 2 Mal hin und her. Je bei dem ersten Tritte eines
Wiegeschrittes erfolgt Aufschwung beider Arme mit einem Klapp und
Abschwung d. Arme während des zweiten und dritten Trittes.

Zum dritten Abschnitt „La la la la ꝛc.“:

Die Einzelnen ziehen seitwärts links mit Kreuzwirbeln links und
Wiegeschritt links und seitwärts rechts mit den widergleichen Bewegungen.
Auf den Hin= und Herzug kommen je 6 Zeiten. Während des Kreuz=
zwirbelns werden die Arme den Hüften aufgestützt, bei dem Wiegeschritt
wird ein Aufschwung mit einem Klapp gemacht.

Bemerkungen. Wird zum Beginn der Antritt des rechten Beines geordnet,
so wirkt dies auch fort auf die Schreitungen des zweiten und dritten Abschnittes,
indem dann die Hinzüge zuerst rechts gemacht werden.

B.

Je zwei Flankenreihen der aufgestellten Säule schließen zu einem Zuge
und es wird geordnet, daß je die rechten Reihen der Züge rechts, die linken
Reihen links antreten, d. h. nach Außen, so daß die Bewegungen beider Zugs=
reihen widergleich nach Außen und Innen geschritten werden, was namentlich
bei den Hin= und Herzügen des zweiten und dritten Abschnittes hervortritt.
Dabei kann geordnet werden, daß die Schreitung des zweiten Abschnittes
so ausgeführt wird, daß die Wiegenden zugleich mit den Schritten nach
Außen sich drehend von einander [sich] abkehren, mit den Schritten nach
Innen sich einander zukehren. [Verbundene zweireihige Flankenzüge, wie
bei dem obigen Reigenkörper, bilden natürlich ein Reihenkörper-Gefüge;
vergl. oben S. 62 und meine „Ordnungsübungen“ S. 135 f.]

Aufgezeichnet Donnerstag, 23. März 1854.

Volksmäßige Schreitung zu dem Liede: „Ich hatt' einen Kameraden".*)
4/4 Takt.

Das Lied hat 48 Zeiten, die in je 8 Schritte getheilt, sechs Mal 8 Schritte zählen.

Die Flankenreihe Aller ziehet mit Linksantreten aus der Grundstellung durch die Umzugslinie mit linker Windung [Spieß'ens eigene Worte!!] um die Mitte der geschlossenen Bahn.

1. Während der ersten 8 Schritte ziehen Alle in (der) Flanke als Einzelne hintereinander.

2. Während der zweiten 8 Schritte reihen sich links Zweierreihen und es zieht die Säule der Zweierreihen.

3. Während der dritten 8 Schritte reihen sich links Dreierreihen und es zieht die Säule der Dreierreihen.

4. Während der vierten 8 Schritte reihen sich links Viererreihen und es zieht die Säule der Viererreihen.

5. Während der fünften und sechsten 8 Schritte machen die Viererreihen um [die] linken Führer eine ganze Schwenkung links, die Viertelschwenkung zu 4 Schritten.

Mit dem Beginn des folgenden Verses wird die ursprüngliche Flankenreihe der Einzelnen durch Rechtshinterreihen in den Viererreihen (hinter den rechten Führer) wiederhergestellt.

Bemerkungen. Die Wandelung 2. muß mit zwei Schritten, die 3. mit drei Schritten, die 4. mit vier Schritten vollzogen sein und ebenso die Wandelung aus 4. zu 1.

Je der erste von 8 Schritten wird betont und es können zudem bei den drei Versen schnellere und langsamere Schrittzeiten geordnet werden, etwa so, daß der erste Vers mit mäßigem, der zweite Vers mit raschem Feldschritt, der dritte Vers mit langsamem Schritt gezogen wird. (1. V. Andante, 2. V. Allegro, 3. V. Largo.) [Vergl. meine „Ordnungsübungen" S. 170.]

---

*) Von diesem allbekannten Liede unterlasse ich es, die Weise und den Text zu geben. — W.

Dreistimmiger Wechselsang: „Möchte heiter wie der Frühling" ꝛc. mit drei Wechseln für die drei Stimmen.

⁴/₄ Tact.

Ein jeder der drei Abschnitte zählt 4 ⁴/₄ Zeiten = 16 Schritte.

A.

Doppelpaare Stirn gegen Stirn (in Vierung) gestellt, werden in einer oder in zwei geraden Säulen gestellt, oder in einer Kreislinie.

Zum ersten Abschnitt ziehen die Doppelpaare ein Mal zum Stern rechts mit 8 Schritten, ein Mal zum Stern links mit 8 Schritten = 16 Schritte.

Zum zweiten Abschnitt ziehen die Doppelpaare mit 8 Schritt zuerst die Mühle rechts und dann mit 8 Schritt die Mühle links.

Zum dritten Abschnitt ziehen die Doppelpaare zuerst im Ring rechts, mit 4 Galoppschritten seitw. links, und dann im Ring links mit 4 Galoppschritten seitwärts rechts. Dabei kann mit Hochfassen der Hände der Ring geschlossen werden, oder die Einzelnen schwingen je mit den Seitschritten links die linken Arme auf (und ab), je mit den Seitschritten rechts, die rechten Arme.

Beim Sang der dem Wechselsang folgenden drei Schlußtacte von 12 Zeiten ziehen alle Einzelnen der Doppelpaare, welche in Vierung stehen, mit 4 Schritten rückwärts von der Mitte der Vierung aus, gehen dann mit 4 Schritten an Ort, und ziehen schließlich mit den letzten 4 Schritten wieder vorwärts zur Grundstellung aller Doppelpaare in den Vierungen.

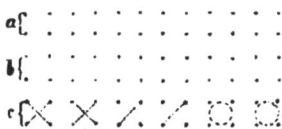

72 Schüler in Säule (dreifacher) der Vierungen.

36 Schüler im Kreise gestellter Vierungen.

[Von Wort und Weise des Canons: „Möchte heiter wie der Frühling", habe ich nichts als den ersten Theil behalten und alle Erkundigungen nach demselben in Darmstadt, in Frankfurt waren vergeblich. Der Canon

scheint ganz verschollen zu. sein! — Als eine Art Ersatz hat zu den
von mir gewählten Worten der hiesige Musikdirector Rist die Güte ge=
habt, den folgenden Canon zu bearbeiten, der freilich keine „3 Schluß=
takte von 12 Zeiten“, von denen seltsamer Weise oben die Rede ist,
darbietet. —

Canon à 3 voci.   NB.   Rist. 1866.

Möch = te hei = ter wie der Früh=ling dei = ner

Ju = gend schö = ne Zeit dir blüh = en, reich des

Le = bens Herbst dir loh = nen dei = ner Aus = sat früh = e

Müh = en; frisch und fröh = lich fromm und frei, stets dein

gan = zes Le = ben sei.

NB. Beginn des Marsches. Bei dessen Fortsetzung wird der letzte
und erste Takt zusammengezogen.]

Aufgezeichnet 27. März 1854. Gezogen 31. März 1854.

B.

Flankenreihen stehen in Säule und werden in drei Stimmen getheilt.

Zum ersten Abschnitt gehen die Einzelnen (mit Linksum) ··>··
durch die 4 Linien eines Vierecks, indem sie mit Rechtsum je an ∧ ∨
den Ecken einbiegen. (↑ Grundstellung und Stirn der Einzelnen.) ··<··↑

Zum zweiten Abschnitt gehen die Einzelnen mit Schrittzwirbeln
und Schlußtritt seitwärts links und dann ebenso seitwärts rechts im
Wechsel beider Bewegungen durch die 4 Linien eines Vierecks, an dessen
Winkeln stets ein Linksum gemacht wird.

Zum dritten Abschnitt gehen die Einzelnen mit 2 Galoppschritten seitwärts links und dann ebenso seitwärts rechts im Wechsel beider Bewegungen durch die 4 Linien eines Vierecks, an dessen Winkeln stets Linksum gemacht wird.

C.

Bei gleicher Aufstellung wie bei B.

Zum ersten Abschnitt ziehen die Einzelnen mit 4 Schritten vorwärts, mit 4 Schritten rückwärts, und machen diesen Hin= und Herzug 2 Mal.

Zum zweiten Abschnitt ziehen die Einzelnen mit Schrittzwirbeln und Schlußtritt seitwärts links und dann ebenso seitwärts rechts und machen diesen Hin= und Herzug 2 Mal.

Zum dritten Abschnitt ziehen die Einzelnen mit 2 Galoppschritten seitwärts links und dann ebenso seitwärts rechts und machen diesen Hin= und Herzug 2 Mal.

Aufgezeichnet Samstag, 25. März 1854.

Dreistimmiger Wechselsang: „Morgenstund' hat Gold im Mund", mit drei Wechseln für die drei Stimmen.

³/₄ Tact.   Silcher.

Mor = gen = stund', Mor = gen = stund', Mor = gen = stund' hat

Gold im Mund. Mor = gen = stund', Mor = gen = stund',

Mor = gen = stund hat Gold im Mund. Mor = gen = stund',

Mor = gen = stund', Mor = gen = stund' hat Gold im Mund.

Ein jeder der drei Abschnitte zählt 8 ³/₄ Zeiten = 24 Schritte.

A.

Doppelpaare stehen Stirn gegen Stirn in einer Säule oder in mehreren geraden Säulen, die Wechsel werden je nur von den Vieren einer Vierung geschritten. Die Vierungen können auch in einer Kreislinie gestellt werden.

Zum ersten Abschnitt (Ring) ziehen die Einzelnen mit Kreuz=zwirbeln und Wiegeschritt ein Mal links hin, ein Mal rechts her. Je mit dem Wiegeschritt fassen sich die Vier bei hochgehaltenen Händen.*)

Zum zweiten Abschnitt (Stern) ziehen die Einzelnen mit vier Dreitritten rechts, mit 4 Dreitritten links im Kreise.

Zum dritten Abschnitte (Wogen) ziehen die Einzelnen mit zwei Wiegeschritten rückwärts, mit zwei Wiegeschritten vorwärts zum Fassen der hochgehaltenen Hände, oder mit Seitschwingen des Armes links und rechts, bei [den] linken und rechten Wiegeschritten. Dieser Hin= und Herzug wird 2 Mal gemacht.**)

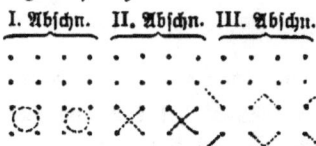

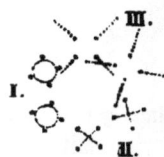

I. Abschn. II. Abschn. III. Abschn.

48 Schüler in geraden Säulen von
12 Vierungen.

24 Schüler in Kreisstellung
von 6 Vierungen.

Diese Wechsel können auch von Vierungen von je 4 Paaren geschritten werden.

24 Schüler in gerader Säule
von 3 Vierungen der 4 Paare.

---

*) Dieses Seitwogen auf einer Bogenlinie erfordert erst 12 Zeiten, ist also wohl noch einmal zu wiederholen; ergiebt aber selbst dann keinen geschlossenen Ring. Bei der Wiederholung des Seitwogens kann auch rechts angeschritten werden.

**) Wie die folgenden Figuren andeuteten, drehen sich für den letzten Abschnitt die Schrägen beider Paare gegeneinander: I St., II. St.;

für die Wiederholung des Wogens könnte auch Rücklingsstellung zur Mitte angeordnet werden, worauf das zweite Wogen vor= und rückwärts geschähe. — W.

Aufgezeichnet 27. März 1854.

B.

Flankenreihen stehen in Säule und werden in drei Stimmen vertheilt.

Zum ersten Abschnitt gehen die Einzelnen mit 8 Wiegeschritten seitwärts links und rechts (an Ort) hin und her 4 Mal.

Zum zweiten Abschnitt gehen die Einzelnen mit Kreuzzwirbeln und Wiegeschritt seitwärts links und rechts hin und her 2 Mal.

Zum dritten Abschnitt gehen die Einzelnen mit dreimaligem Kreuzzwirbeln und Wiegeschritt seitwärts links und rechts hin und her, [nur] 1 Mal [da jede Seitenbewegung 12 Zeiten oder 4 Takte erfordert].

C.

Wird auch von zweigliedrigen Zügen [d. i. von ganz geschlossenen Säulen, deren zwei Hauptglieder Flankenreihen sind, deren Zweier-Stirn-rotten Arm an Arm stehen] mit widergleichen Hin- und Herzügen der linken und rechten Reihen geschritten. (Siehe oben [S. 62 und S. 79] den Wechselsang: „Es tönen die Lieder".)

Gezogen Samstag, 31. März, aufgezeichnet Montag, 3. April 1854.

„Liederreigen" zu Loreley (von Silcher).

Das [allbekannte] Lied besteht aus 16 Takten = 32 ³/₄ Takt-Geschritten.

16 Paare werden im Kreise [Stirn nach der Mitte] aufgestellt [und je 4 derselben als ein Reihenkörper, eine gebogene „Linie" von Stirnpaaren, bezeichnet. Diese 4 Linien aller Schüler wandeln sich, indem die ersten Reihen der Kreismitte zuziehen, durch eine ¹/₈ Schwenkung r. in Säulen von Stirnpaaren um und diese] Vier Säulen von je 4 Paaren ziehen mit 16 Wiegeschritten links durch 4 kleine Kreise, doch so, daß bei Fassung hochgehaltener Hände die Einzelnen der Paare zugleich das Zu- und Ablehren [S. 53 und S. 80] machen:

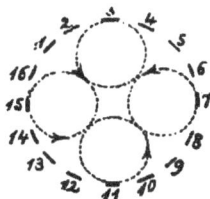

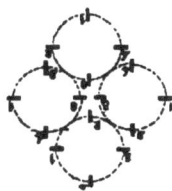

Je zwei Viererreihen mit verschränkten Armen machen im Vorziehen mit 4 Wiegeschritten und im Rückzug mit 4 Wiegeschritten miteinander das Begegnen = 8 Wiegeschritte [d. h. die vier ein Reigenglied bildenden Paare betrachten sich als eine Linie von zwei Viererreihen, die nach innen vor einander schwenken und mit Rückwärtsgehen wieder in die Linie zurückkehren].

Aus der ursprünglichen Kreisstellung ziehen alle Paare bei hochgefaßten Händen aller Nebener [Spieß!] mit 4 Wiegeschritten vorwärts nach der Mitte hin und mit 4 Wiegeschritten rückwärts (von der Mitte) her in die Kreislinie = 8 Wiegeschritte. [Der ganze Reigenkörper erscheint bei diesem „Wogen" als eine einzige Ringreihe Einzelner.]

NB. Der Reigen wird zu den 3 Versen gleichgezogen [d. h. dieselbe Schreitung wird für jeden Vers benutzt.]

[Eine von Ferdinand Marr in Darmstadt gewählte Schreitung zu dem Loreley-Liede (s. Kloß'ens Jahrb. v. 1863, S. 270) sei hier eingefügt:

Der kleinste Reigenkörper, von dem dieser Reigen dargestellt werden kann, ist ein Gefüge von 2 Zweireihenkörpern; sind dieser Reihenkörper einzelne Reihen in Flanke stehende Viererreihen, so hat bei Beginn des Reigens der Reigenkörper folgende Gestalt:

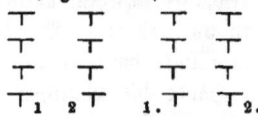

Zu bemerken ist noch, daß die (Einer- und Zweierreihen; besser: die) ersten und die zweiten Reihen der verschiedenen nebeneinander geordneten Zweireihenkörper im Rottenverhältnisse zu einander stehen. Siehe meine „Ordnungsübungen" S. 135.

Schreitung zum 1. Verse.

1. Theil: Ich weiß nicht — bedeuten, und: daß ich — traurig bin: Vor- und Rückwogen des Reigenkörpers 4 und 4 = 8 Wiegeschritte bei Handfassen aller Nebner.

2. Theil: Ein Mährchen — Zeiten, und: Das kommt — Sinn: gleich=
zeitiges Vor= und Rückwogen der ersten (der unge=
raden) und Rück= und Vorwogen der zweiten (der
geraden) Reihen je mit 2 × 4 Wiegeschritten.
3. Theil: Die Luft — dunkelt, und: Und ruhig — der Rhein: wider=
gleich (symmetrisch) mit dem 2. Theile. Die ersten
Reihen wogen also rück= und vorwärts, die andern
vor= und rückwärts; zusammen 8 Wiegeschritte.
4. Theil: Der Gipfel — funkelt, und: Im Abendsonnenschein: Vor=
und Rückwogen des ganzen Reigenkörpers wie beim
1. Theile.

Schreitung zum zweiten Verse.

Zur Darstellung derselben genügt schon ein einzelner Zweireihen=
körper (2 nebengeordnete Flankenreihen von Vieren).
1. Theil: 4 (³/₄) Takte: Die Einzelnen jeder Flankenreihe gehen (mit
links Antreten) 2 Wiegeschritte und 1 Kreuzzwirbel
mit (1) Wiegeschritt;
4 Takte: widergleich (also nach der r. Seite) dieselbe Schrei=
tung.
2. „ Wiederholung des 1. Theiles.
3. „ 8 Wiegeschritte an Ort, mit links Antreten und Seitschwin=
gen der Arme.
4. „ Wie der 1. Theil.

Am Schlusse desselben machen die Einzelnen der Flankenreihen eine
Vierteldrehung nach innen (zur Mitte jeden Reihenkörpers), so daß aus
jeder Stirnrotte eine Rotte zweier Gegner wird (I⊤1 2 ⊤; II├ 1 2 ┤), die
2 früheren Flankenreihen also Stirnreihen werden, die, wie man sagt,
„in Gasse" stehen, eine „Gasse" bilden.

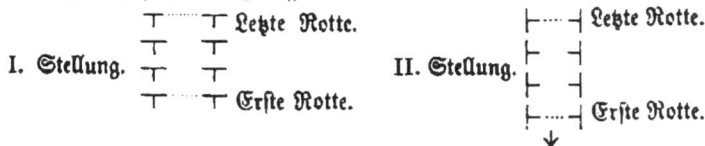

I. Stellung. (Letzte Rotte ... Erste Rotte) II. Stellung. (Letzte Rotte ... Erste Rotte)

Dritter Vers.

1. Theil: 4 Takte: 4 Wiegeschritte mit Antreten nach den Ersten (die
Einzelnen der ersten Reihen rechts, die Anderen links),
bei Handfassen der Gegner und Seitschwingen der Arme.

4 Takte: Wechsel der Plätze seitens der Gegner mit rechts
Kreisen und Reichen der rechten Hand mit 4 Wiegeschritten. — Am Schlusse reichen sich die Gegner der
einzelnen Paare wieder beide Hände.

2. Theil: Widergleich mit dem 1. Theile (Seitwogen mit Antreten nach
den Letzten und Platzwechsel mit links Kreisen.)

Am Schlusse: Vierteldrehung aller Einzelnen nach vorn (die
Reihen werden wieder Flankenreihen; sämmtliche Nebner reichen
sich die seitgehobenen Hände.)

3.   „   Thor der (Stirn=) Rotten. Der kleinste Reihenkörper, der
diesen Wechsel ausführen kann, besteht aus einer Vereinigung von 2 Rotten: ⊤ ⊤ 2. Rotte.
⊤ ⊤ 1. Rotte.

4 Takte: Die 2. Rotte (bei einem größeren Reigenkörper:
sämmtliche zweite Rotten) ziehen mit gehoben gehal-
tenen Armen vorwärts; gleichzeitig die Einzelnen der
vorderen Rotte schrägrückwärts links mit Loslassen
der Hände und gelangen mit leichter Verbeugung
unter den Händen der Vorwärtsziehenden hindurch zur
Stellung hinter ihnen. — Vergl. oben S. 23.

4 Takte: Wiederholung in der Weise, daß die Hintergereihten
jetzt das Thor bilden, vorwärts ziehen und die Anderen
mit Rückwärtsgehen durch das „Thor" ziehen.

4.   „   4 Takte: Die wiederhergestellten Stirnrotten führen mit links
Antreten 2 Wiegeschritte und 1 Kreuzwirbel mit
Wiegeschritt aus.

4 Takte: Dieselbe Schreitung nach der rechten Seite.]

Gezogen Mittwoch, 5. April 1854. Aufgezeichnet Samstag, 8. April 1854.

Reigen zu dem Liede: „Ich will mir 'mal die Welt beseh'n".

Wanderlust.

Marschmäßig.

Ich will mir mal die Welt be-seh'n, will wan-dern in die

Weite, denn stets im glei-chen Gleis zu geh'n, macht wahrlich we-nig

Freude, drum sich's gar wohl der Müh-e lohnt, zu seh'n wer hinter'm

Ber-ge wohnt, drum sich's gar wohl der Müh-e lohnt, zu

seh'n, wer hin-ter'm Ber-ge wohnt.

[Eine alte (von Spieß nicht gekannte und also auch nicht ange=
wendete) Weise enthält das „Musik. Schulgesangbuch" von Zieger
(Hamburg, Niemeyer 1842 S. 19):

Wanderlust.

Marschmäßig.   Zieger.

1. Ich will mir mal die Welt be-seh'n, will wan-dern in die

Wei-te; denn stets im al-ten Gleis zu geh'n, macht

wahr-lich we-nig Freu-de; drum sich's gar wohl der

Müh-e lohnt, zu seh'n wer hin-ter'm Ber-ge wohnt.

2. Sonst glaubte man die liebe Welt,
   Mit Brettern zugeschlagen,
   Doch seit man was auf's Reisen hält,
   Kann man es anders sagen:

Die Fremde macht die Leute klug,
Das glaubet nur, es ist kein Trug.*

3. Manch Wunderding im fernen Land
   Kommt uns da vor die Augen,
   Und fremde Weise wohlerkannt,
   Kann man zu Hause brauchen:
   Kunst, Arbeit, Sitte fremder Leut'
   Nutzt allen Menschen weit und breit.

4. Drum nahm ich meinen Wanderstab,
   Mein Ränzchen auf den Rücken,
   Und wandre bergauf, bergab,
   Mit aufmerksamen Blicken;
   Und wenn ich hab' recht viel geseh'n,
   So will ich wieder heimwärts geh'n.

E. Anschütz.]

Das Lied hat 12 $^4/_4$ Takte = 48 Schritte.

A.

Je vier Viererreihen [oder vielmehr: vier „Linien", jede aus zwei Stirnpaaren bestehend] stellen sich in Vierung so auf, daß I und II, III und IV sich einander in Stirn gegenüber stehen:

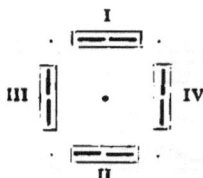

Die Vierung hat 4 Seiten und 4 Ecken.
Die Abstände der Führer an den Ecken betragen 4 Schritte oder eine Reihenbreite.

Erster Vers.

I und II ziehen mit 4 Schritten vorwärts, machen mit 4 Schritten halbe Schwenkung rechts [um die Mitte jeder Ordnung], und ziehen dann ebenso mit 8 Schritten [4 vorwärts und 4 Schritte zur $^1/_2$ Schwenkung rechts] in ihre Stellung zurück; = 16 Zeiten. Dann:

III und IV Hin- und Herzug wie I und II = 16 Zeiten. Dann:

I, II, III und IV zugleich diesen Hin- und Herzug = 16 Zeiten.

---

*) Ich gebe den Text, wie ich ihn in Darmstadt gelernt habe. Bei Zieger steht: „Die Fremd' macht Leut', das Sprichwort sagt, und glaubt mir nur, es lüget nicht;" anstatt „sagt" müßte es des Reimes wegen wohl „spricht" heißen.

Zweiter Vers.

I und II Oeffnen und Schließen der Doppelpaare mit 8 Schritten zum Hinzug und ebensoviel zum Herzug = 16 Zeiten [d. h. aus jeder sog. Viererreihe bilden sich 2 Paare: die Nebenpaare der Linie II ziehen gerade aus, während die Paare der Linie I sie umkreisen, was mit 8 Schritten geschieht, s. S. 54 ; bei der Wiederholung dieses Wechsels öffnet sich die Linie II, die auf dem früheren Stellungsorte der Linie I sich befindet].

III und IV wie I und II = 16 Zeiten.

Bemerkung: Es wird geordnet, daß zuerst die ungeraden Viererreihen [richtig: Reihenkörper, nämlich Linien von je 2 Stirn= Paaren] das Oeffnen und dann das Schließen machen, während die geraden Reihen (!) gleichzeitig mit ihren Gegenreihen zuerst das Schlie= ßen und dann das Oeffnen ausführen.

Dann: an den Ecken gleichzeitiges „Begegnen" zuerst der I mit III, der II mit IV, mit 4 Schritten zum Hinzug und 4 Schritten zum Herzug; und dann der I mit IV, der II mit III, = 16 Zeiten [d. h. die oben genannten Linien schwenken zu einander und mit Rück= wärtsgehen von einander; vergl. S. 34].

Dritter Vers.

I und II. Kreisen der Gegenpaare (rechts) mit 16 Schritten. [Die beiden Linien I und II der geschlossenen Paare öffnen sich und die Ge= genpaare kreisen vorwärtsgehend rechts um eine vor beiden Paaren gedachte Kreismitte.]

III und IV. Ebenso mit 16 Schritten. Dann:

Zuerst „Begegnen" der Paare [jeder Linie; d. h. Schwenken des rechten Paares der Linie I und des linken Paares der Linie III u. s. w.] an den Ecken mit 4 Schritten zum Hin= und 4 Schritten zum Herzug und dann Kreisen (rechts) der Paare an den Ecken mit 8 Schritten = 16 Schritt.

Vierter Vers.

In aufeinanderfolgenden Zeiten [Vor= und Rückwogen der Linien, d. h. es] ziehen zuerst [die Paare von] I, dann [von] II, III und IV je mit 4 Schritten vorwärts und dann mit 4 Schritten rückwärts, so daß je nach 4 Schritten eine folgende Reihe diesen Hin= und Herzug beginnt [wenn I das Rückwärtsgehen anfängt, zieht II erst vorwärts u. s. f.]. Sobald IV den Rückzug beginnt, (mit dem 17. Schritte) wiederholen nach= einander I, II, III und IV diesen Wechsel in 16 Zeiten, worauf alle vier Stirnreihen zum Stern (Kreuz) der Viererreihen rechts mit 16 Schritten ziehen. Für die IV fällt der zweite Rückzug (bei dem 33. Schr.) weg und es muß diese Reihe sofort mit I, II und III den Stern bilden helfen.

Bei den Wechseln der vier Verse kann für Paare und Viererreihen Armverschränkung geordnet werden, oder es wird von dieser abgesehen. Ziehen mehrere solcher Vierungen diesen Liederreigen, so können dieselben in gerader Linie (Säule) oder im Kreise gestellt werden:

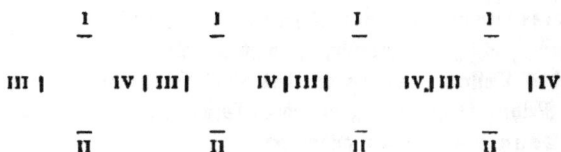

$$
\begin{array}{cccc}
\underline{\text{I}} & \underline{\text{I}} & \underline{\text{I}} & \underline{\text{I}} \\[4pt]
\text{III}\,|\quad\quad & \text{IV}\,|\,\text{III}\,|\quad & \text{IV}\,|\,\text{III}\,|\quad & \text{IV}\,|\,\text{III}\quad |\,\text{IV} \\[4pt]
\overline{\text{II}} & \overline{\text{II}} & \overline{\text{II}} & \overline{\text{II}}
\end{array}
$$

Aufstellung von Vierungen für 64 Reigner in gerader Linie.

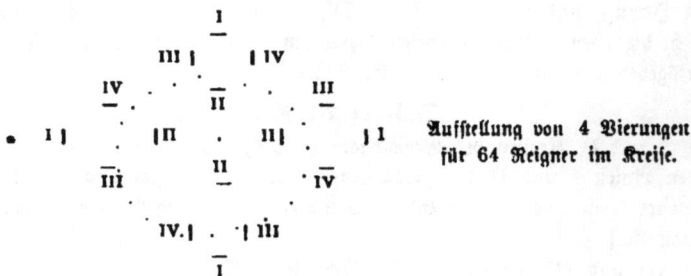

Aufstellung von 4 Vierungen für 64 Reigner im Kreise.

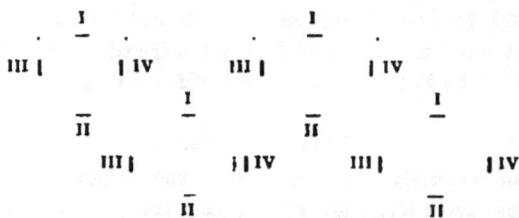

Aufstellung von 4 Vierungen für 64 Reigner in Staffel.

B.

Kann auch geschritten werden im Umzug wie „Ich hatt' einen Kameraden." Siehe den betreffenden Reigen [S. 81].

C.

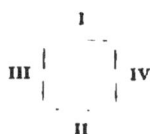

Kann auch von vier Achterreihen, welche in
Vierung stehen, gezogen werden so, daß stets die
4 Gegenviererreihen mit einander die Wechsel ziehen.
[Die vermeintlichen Achterreihen sind also je ein in
Linie, und zwar in Stirn=Linie stehender Reihenkörper
von 2 Viererreihen.]

D.

Auch das Lied „Hand in Hand" von Weißmann, das 64 Zeiten
zählt, kann zu den Wechseln dieses Reigens geschritten werden, indem der
Schlußwechsel je von den I, II, III, IV wiederholt wird. (Samstag
27. Mai 1854.)

E.

Ebenso das Lied „Wohlauf Kameraden".

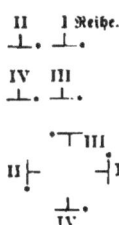

[Stehen unsere Schüler in der Weise, daß Stirn=
Linien von je 2 Viererreihen eine Säule mit 3 Schritt
Reihenabstand bilden, so können je zwei solcher Linien das
Viereck von Viererreihen so bilden, daß z. B. die IV. Reihe
an Ort bleibt, die anderen durch Schwenkung oder Reihung
ihren neuen Stellungsort wählen:

Diese Umwandlung geschieht ganz wohl mit 8 Schritten.

Wiederholt man den letzten Theil jedes Verses des Liedes: „Ich
will mir 'mal die Welt beseh'n —", so erhält man 16 Zeiten mehr
als oben berücksichtigt sind: ich setze die Schreitung A S. 91 f. noch
einmal her und ergänze sie, wie unten (bei den 4. Theilen) zu sehen:

Erster Vers.

1. Theil: I und II 4 Schritt vorw., ½ Schwenkung r. (um die Mitte:
　　　　　4 Schritte) und noch einmal dasselbe　= 16 Schr.
2. „　III und IV 4 Schritt vorw., ½ Schwenkung r.
　　　　　und noch einmal dasselbe . . . .　= 16　„
3. „　Die 4 Reihen gleichzeitig 4 Schritte vorw.,
　　　　　½ Schwenkung r. und noch einmal
　　　　　dasselbe . . . .　= 16　„
4. „　Die 4 Reihen gleichzeitig 4 Schritt vorw., ½=
　　　　　Schwenkung l. und noch einmal dasselbe　= 16　„

Zweiter Vers.

1. Die Paare von II umkreisen, mit der Linie I den Platz wechselnd, diese: 8 Schr.

   Hierauf kreisen die auf dem Stellungsorte der Linie II stehenden Paare (der Linie I) die Gegenlinie (II): 8 Schr. = 16 Schr.

2. Die Paare der Linie IV umkreisen die Linie III und darauf die Paare der Linie III die Linie IV: zusammen . . . . = 16 „

3. „Begegnen an den Ecken" von I und III, von II und IV; 4 Schritte hin, 4 her = 8 Schritt.

   Darauf von I und IV, von II und III, 4 Schritte hin, 4 Schritte her: 8 Schritt . . . . . = 16 „

   Kehrt Aller mit dem letzten Schritte.

4. Wie Theil 3. (also in der Kehrtstellung.) . . . = 16 „

   Spieß ordnete hierfür an:

   Begegnen aus der Vorlingsstellung zur Mitte an den Ecken, also Entgegenschwenken von I und III, von II und IV mit Kehrung der Einzelnen; Zurückschwenken (mit vorwärts Gehen) auf den Stellungsort jeder Linie, Kehrt der Einzelnen und Entgegenschwenken der anderen Linien.

Dritter Vers
(dem obigen 4., S. 92, entsprechend):

1. Wogen vor- und rückwärts je mit 4 Schritten:

   wenn I rückwärts geht, beginnt II;

   wenn II   „   „   „ III u. s. f.

   zuletzt ist (bei dem 16. Schritt) IV vorn . . = 16 Schr.

2. Dasselbe . . . . = 16 „

3. Schwenkstern r. der Reihen (12 Schritte zum Stern, 4 zum Wechsel der Stellung mit ½ Schwenkung um die Mitte) . . . . = 16 „

4. Schwenkstern l. (zur Vierecksstellung zurück) . . = 16 „

   Für den vierten Vers ordnete ich folgende Schreitung:

1. Stern je zweier Eckenpaare r. mit 8 und l. mit 8 Schritten . . . . = 16 „

   Die Einzelnen des r. Paares der Linie IV z. B. reichen den Einzelnen des linken Paares der Linie I zuerst die r. Hand u. s. f.

2. Wegen der Mittleren jeder Linie und kleine Kette der
    Aeußeren (8 Schr.) und Wiederholung mit Wechsel
    der Stellung . . . . = 16 Schr.

    d. h.: bei Beginn des Wechsels betrachten sich die beiden Mittleren
4 3 2 1 der ursprünglichen Linie von Paaren als ein Paar (S. 21),
⊢ ⊥ ⊥ ⊣ gegen welches die Aeußeren (mit einer $\frac{1}{4}$ Drehung) Stirn
Linie IV.   machen.

    Mit Armverschränken zieht das Paar der Mittleren 4 Schritte
vorw. und gleichzeitig wechseln mit Reichung der r. Hand und Vorüber=
zug r. die Aeußeren ebenfalls mit 4 Vorwärtsschritten ihre Stellung;
s. S. 22. — Mit dem 4. Schritte kehren sich die Einzelnen des Stirnpaares
um und lösen ihre Hände, worauf sie mit 4 Schritten schräg von einander
(sich öffnend also) vorwärts gehen, um, während die beiden Gegner
gleichzeitig die sog. kleine Kette I. ausführen und am Schlusse derselben
ein geschlossenes Paar mit Stirn zur Mitte bilden, sich außen neben
die früheren Aeußeren der Linie zu stellen.

    Nach dem 8. Schritte steht also das frühere innere Paar außen
und zur widergleichen Wiederholung des Wechsels ist nun die Stellung
der Einzelnen der IV. Linie folgende: 3 ⊢ ⊣ ⊢ ⊣ 2

    3. Theil: I u. II: $\frac{1}{4}$ Schw. I. und in den Paaren kleine Kette r. (4 und
                   4 Schr.); r. zurückschwenken und kleine Kette
                   I. (zusammen 2 mal 8 Schritte.) Gleichzeitig:
    III u. IV: Paare nach außen um, 8 Schritt vorw. im
                   Kreise mit Kehrt nach innen, und Zurückzug
                   mit 8 Schritten zur ersten Stellung = 16 Schr.

    Das heißt: Als Viererreihen, mit verschränkten Armen, führen
(mit 4 Schritten) die Reihen I und II eine $\frac{1}{4}$ Schw. I. aus und nach
Auflösung der Hände die Einzelnen jedes Paares die sog. kleine Kette
r., an deren Schluß man nicht mit derselben Stirnrichtung steht, die
man in Folge des Schwenkens erhalten hatte, sondern rücklings gegen
diese, so daß die vier Redner mittelst r. Schwenkens und kleiner Kette r.
wieder ihren ursprünglichen Stellungsort und die ursprüngliche Ordnung
einnehmen.

    Damit während dieser Zeit die Linien III und IV nicht unthätig
dastehen, wandeln sich deren Paare in rücklings zu einander stehende
Flankenpaare um (I Stellung ⊤ ⊤ ⊤ ⊤, II St. ⸺ ⊣ ⊢ ⊣ ⊢ ⸺)
die in Kreisbögen hin und her je 8 Vorwärtsschritte thun.

4. Theil: 3 u. 4: $^1/_4$ Schw. l. mit kleiner Kette (in den Paaren) r. und gleichzeitig:

Hin= und Herzug der Flankenpaare von 1 und 2.

Als weiter zu dieser Schreitung passendes Lied ist auch das Schle=gel'sche Vaterlandslied anzuführen: „Es sei mein Herz und Blut ge=weiht, Dich, Vaterland, zu retten" — (Lübeck's Liederbuch von 1842 S. 51).

Ringreigen zu dem Liede „Ich will mir mal' die Welt beseh'n."

Aehnlich dem von Spieß beschriebenen Gassen=reigen im $^2/_4$ Takt, S. 49 f., läßt sich für das Lied: „Ich will mir 'mal die Welt besch'n", eine Schreitung anordnen, bei der anstatt des sog. Begegnens die „Kette" ausgeführt wird.

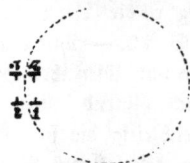

Soll die Kette von Paaren geschritten werden, so lassen wir die hierzu nöthigen Gegenpaare aus einer Ring-„Linie" von scheinbaren Viererreihen durch Schwenkung der Paare nach innen entstehen; in der That sind nämlich die 4 Nebner, aus denen je die Gegenpaare sich bilden, ein in Linie stehender Zweireihenkörper, eine „Stirn=Linie" von Paaren (b. i. von Zweierreihen). S. meine „Ordnungsübungen" S. 134. —

Erster Vers.

1. Theil: Ich will — Weite; 4 $^4/_4$ Takte = 16 Schritte. 4 Halb=kreise zur Kette z. B. zur Kette rechts (b. h. das erste Kreisen jedes Paares geschieht rechts). — Nach je 4 Schritten wird jedes Paar Gegen=paar eines begegnenden Paares.

2. Theil: = 16 Schritte. Stern der Gegenpaare; r. mit 8 Schr. und l. mit 8 Schritten. Zur rechten Zeit müssen die 4 Einzelnen sich wieder zu Gegenpaaren ordnen.

3. und 4. Theil: Wiederholung der Kette (4 Halbkreise mit 16 Schritten) und des Sternes (mit 2 mal 8 Schritten).

Zweiter Vers.

Mit einer anderen Art der Kette und mit anderen Wechseln, beides aber (Kette und Wechsel) von der Zeitdauer der entsprechenden Schreitungen des 1. Verses. — Also z. B. 4 mal Kette mit „Oeffnen und Schließen", wobei geordnet werden mag, daß die ursprünglich r. Paare jeder kleinsten Linie (es sind diejenigen der Gegenpaare, deren r. Seite dem Mittel=

punkte zugekehrt ist) bei den ersten 4 Schritten geschlossen bleiben, während die mit der I. Seite der Mitte zugekehrten Paare sich öffnen und nach Umziehung des Gegenpaares sich schließen. — Bei den nächsten 4 Schritten öffnen sich die urspr. r. Paare, die l. ziehen geschlossen vorw. u. s. w.

Als „Wechsel" nach der Kette wähle man einen der oben beschriebenen: die Mühle; den Ring u. s. f., auch in der Weise, daß die einzelnen Gegner der Gegenpaare durch ¼ Drehung gegen ihre Nebner selber Nebner werden. S. die Zeichnung und S. 23.

Dritter Vers.

Man wähle wieder eine andere Art der Kette, etwa die sog. „Kette der Gegner und Nebner"; s. unten.

Als Wechsel verwende man u. A. das Wogen der aus den Gegnern gebildeten Stirn=Paare mit Vor= und Rückwärtsgehen von und zu der Kreismitte.

Dr. Weismann's schönes Lied „Hand in Hand", von dessen weicher Weise Spieß seiner Zeit ganz ergriffen war und das sich zu Reigen= Aufzügen einer Mädchenklasse vortrefflich eignet, kann auch zu dem obigen Reigen verwendet werden; es lautet nach der Aufzeichnung, die H. Weis= mann mir zu senden die Güte hatte, wie folgt:

Hand in Hand mit Sang und Klang kommt zum hei - tern

Tanz, und aus viel ver-schlung'nem Gang strahl' der Ein - heit

Kranz; Stern bei Ster - nen oh - ne Zahl, Vö - ge - lein mit

Schall zieh'n har - mo - nisch all - zu - mal

durch das Wel - ten - all.   Nach dem letzten Verse der erste Theil wiederholt bis: fine.

2. Wie in festverbundner Schaar
   Wir zum Reigen geh'n,
   Soll uns Alle manch' ein Jahr
   Eng vereint noch seh'n;
   Eins dem andern treu gesellt
   Nahen wir dem Ziel,
   Werden tüchtig für die Welt,
   Wie hier in dem Spiel.

3. Bald vereint und bald getrennt
   Uns der Reigen zeigt —:
   Auch die Welt nur Wechsel kennt,
   Bis das Ziel erreicht.
   Doch durch allen Wechsel schlingt
   Harmonie ihr Band;
   Wenn uns alle Lieb' durchdringt,
   Bleibt auch Hand in Hand. —

Ringreigen zu vier Versen des Liedes: „Gesang verschönt das Leben".*)

Mäßig schnell.

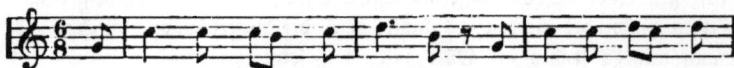

Ge - sang ver - schönt das Le - ben, Ge - sang er - freut das Herz; ihn hat uns Gott ge - ge - ben, zu lin - dern Sorg und Schmerz.

2. Wohlan, so singt dem Laube,
   Das uns zusammenhält;
   Dem theuren Vaterlande,
   Der ganzen Menschenwelt;

3. Dem Manne deutsch und bieder,
   Der nützet, wo er kann;
   Dem Edlen, der sich Brüder
   Durch Gutesthun gewann.

4. Glück auf zur ferner'n Reise,
   Die Hoffnung eilt voran,
   Sie macht auch rauhe Gleise
   Zu einer glatten Bahn.

---

*) Kloss, Jahrbücher von 1861, S. 256.

Acht ⁶/₈ Takte; da auf jedes Achtel ein Schritt kommen soll, so umfaßt die für jeden Vers zu wählende Schreitung 8mal 6 Schritte.

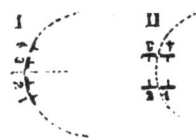

Der ganze Reigenkörper besteht aus einem Ringe mehrerer Gegenpaare; diese sind aus 4 nebeneinander stehenden Einzelnen (die einen aus zwei Zweierreihen bestehenden Reihenkörper, eine „Linie" zweier Stirnpaare bilden) durch ¼ Schwenkung der Nebenpaare nach innen entstanden; s. die Zeichnung II und I.

Erster Vers.

1. Gesang verschönt das — (6 Schritte). Die ursprünglich rechten Paare (der Mittelpunkt befindet sich seitlings r. von ihnen) ziehen nach der Mitte hin (also r.) vor ihre an Ort bleibenden Gegenpaare; denen sie natürlich schließlich den Rücken zukehren.

2. Leben Ge= (6 Schritt). Die ursprünglich linken Paare ziehen nach außen (von der Kreismitte ab) 6 Schritte im Halbkreise vorwärts je vor die anderen, an Ort bleibenden Paare.

3. und 4. sang erfreut das Herz; ihn — (12 Schritte). Stern r. von den eben entstandenen Gegenpaaren, die mit dem 12. Schritte wieder (etwa mit Armeinhängen oder Armverschränken) als Gegenpaare gerichtet stehen.

Widerspiel des 1. Abschnittes.

5. hat uns Gott ge= — (6 Schritte). Hinterreihen der ursprünglich r. Paare nach der Mitte mit ganzer Schwenkung r.

6. geben zu — (6 Schritte). Hinterreihen der ursprünglich l. Paare von der Mitte mit ganzer Schwenkung l.

7. und 8. lindern Sorg und Schmerz — (12 Schritte). Stern links mit 12 Schritten und Umgestaltung der Säule der Gegenpaare zur Linie der Nebenpaare vorlings zur Mitte beim 12. Schritte, so daß, wenn die 4 Nebner etwa noch die Arme verschränken, deren Stirn-Linie äußerlich als eine Stirn-Viererreihe erscheint; s. oben Zeichnung I.

Zweiter Vers.

1. Die verbundenen Nebenpaare ziehen mit 6 Schritten (2 Dreitritten) vorwärts zur Mitte.

2. ¼ Schwenkung der Nebenpaare mit 6 Schritten nach innen zur Gegen-Stellung.

3. und 4. 12 Schritte —: irgend ein Wechsel (Mühle u. s. f.) der
Gegenpaare mit Umgestaltung derselben zu Nebenpaaren, die aber
rücklings zur Mitte stehen und äußerlich betrachtet einer Stirn=
reihe von Vieren gleichen.

5. 6 Schritte Vorwärtsziehen der entstandenen Nebenpaare von der
Mitte ab.

6. 6 Schritte Einschwenken der Nebenpaare zur Gegenstellung.

7. und 8. 12 Schritte —: Wiederholung des Wechsels bei 3. und 4.
mit Herstellung der Gegenstellung; s. Figur II S. 100.

Dritter Vers.
Entsprechend der Schreitung zu dem 1. Verse.

Widergleich mit derselben mögen hier die ursprünglich linken Paare
das Vorreihen (nach außen) und ebenso später des Hinterreihen beginnen;
der Stern mag zuerst links, und bei der Wiederholung rechts geschritten
werden; am Schlusse des Verses stehen die Nebenpaare rücklings zur
(Kreis=)Mitte.

Vierter Vers.

Widergleich mit dem 2. Verse. — Nach dem ersten Wechsel stehen
die Paare als Nebenpaare, also vorlings zur Kreismitte. — Die
Schlußstellung jedes Zweipaarkörpers kann dessen Säule von Gegenpaaren
oder dessen Linie von Nebenpaaren sein. —]

Gezogen Donnerstag, 6. April. Aufgezeichnet Sonntag, 9. April 1854.

Liederreigen zu: „Wenn vom Schmucke der Waffen gezieret".

4/4 Takt.

Aus Mozart's Figaro

Wenn vom Schmucke der Waf-fen ge = zie - ret, von Trom-

pe - ten und Trommeln ge = füh - ret, stolz ein Hau - fe von Krie-gern marschi - ret: prei - fet Je - der das herr - li - che Loos! ftolz ein

Hau - fe von Krie = gern mar - fchi - ret, prei - fet

Je - der das herr - li - che Loos!

2. **V.** Aber wenn im Getümmel der Schlachten
Blut'ge Waffen ihr Tagwerk vollbrachten,
Die Gefall'nen nicht wieder erwachten:
Dann umhüllt sich mit Jammer der Blick!

3. **V.** Drum, wo Schwerter und Lanzen dir schimmern,
Dich umtönt der Gefallenen Wimmern,
Sei dein Herz, unter Leichen und Trümmern,
Nie erstorben für Schonung und Recht! —

Das Lied hat 12 $\frac{4}{4}$ Takte = 48 Schritte, oder 6 $\times$ 8 Schritte.

A.

Die Viererreihen stehen in gerader Säule.

Erster Vers.

1. Die Stirnreihen ziehen mit 8 Schritten vorwärts.
2. Links [neben=] reihen = 8 Schritte.
3. Halbe Schwenkung links = 8 Schritte.
4.
5. } Wiederholung von 1, 2, 3.
6.

Zweiter Vers.

1. Mit Rechtshinterreihen ziehen die [sich bildenden] Flanken=
reihen mit 8 Schritten vorwärts [d. h. zur Reihung und zum Vor=
wärtsgehen werden 8 Schritte verwendet].

2. Mit Linksum ziehen die [durch die Drehung entstehenden] Stirn=
reihen 8 Schritte vorwärts.

3. Links [neben=] reihen = 8 Schritt.

4.
5. } Wiederholung von 1, 2, 3, nachdem am Schlusse von 3.
6.   Linksum in Flanke gemacht worden.

Dritter Vers.

1. (Nach einem Linkskehrt) ziehen die Stirnreihen mit 8 Schritten vorwärts.

2. Halbe Schwenkung links mit 8 Schritten.

3. Rechts [neben=]reihen mit 8 Schritten.

4.
5. } Wiederholung von 1, 2, 3; das Linkskehrt wird nach 3.
6. } nicht wiederholt.

B.

Die Schreitung eines jeden der 3 Verse kann zu dem ganzen Liede gezogen werden, so daß ein und dieselbe Schreitung durchweg bei allen Versen eingehalten wird.

C.

Dieselben Schreitungen können auch zum Liede „Ich hatt' einen Kameraden" gezogen werden. [S. S. 81.]

D.

Auch wie am 15. December.

[Spießen's Zeichnung deutet ein links Vorreihen an].

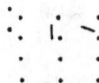

[E.

Schreitung für eine geschlossene Linie von Stirnreihen von Vieren.

1. Vers. 1. 8 Schritte vorwärts. 2. Links Nebenreihen, 8 Schritte. 3. ½ Schwenkung links, 8 Schritte. 4. 8 Schritte vorwärts. 5. Links Nebenreihen, 8 Schritte. 6. Nur ¼ Schwenkung links zur Säule, 8 Schritte.

2. Vers. Dasselbe Vorwärtsziehen, Reihen und Schwenken; am Schluße jedoch wieder nur ¼ Schwenkung zur Linie der Reihen.

3. Vers. Dieselbe Schreitung: — am Schluße könnte auch statt der ½ eine ¼ Schwenkung (zur Säule) und das Nebenreihen auch mit Vorüberzug vor dem linken Führer ausgeführt werden.]

Liederreigen: „Flamme empor!"

Zum ersten Mal geschritten Samstag 9. Sept. und Samstag 16. Sept. 1854 in Gegenwart von Waffmannsdorff. *)

Das Lied hat 6mal 8 Zeiten.

Zwei Säulen von Viererreihen stellen sich geschlossen zu Achter=
reihen auf: — —
            — —   [Je 8 Nebner sind nicht eine Reihe, sondern ein
            — —   Reihenkörper, und zwar eine Linie zweier Vierer=
            — —   reihen; f. meine „Ordnungsübungen" S. 132.]

Erster Vers.

Folge der 6 Wechsel:

1. Vor= und Rückziehen, [das Vorwogen mit 4, das Rückwogen
   ebenfalls mit 4 Schritten] . . . . = 8 Schr.
2. Ganze Schwenkung nach Außen [um die Mitte
   jeder Viererreihe] . . . . = 8 „
3. Rück= und Vorziehen. . . . . = 8 „
4. Ganze Schwenkung nach Innen [um die Mitte
   jeder Viererreihe] . . . . = 8 „
5. Vor= und Rückziehen 4 Schritt. . . . . = 8 „
6. 4 Schr. an Ort und dann mit Rückwärtsziehen
   Schwenken zur Gasse nach den Letzten [d. h. „nach
   den Letzten" rückwärts gehend machen die beiden
   Viererreihen, die bisher sich nebeneinander befanden,
   also eine „Linie" bildeten, ¼ Schwenkung um die
   äußeren Führer nach innen, wobei die Führer
   selbst rückwärts ziehen; die Schwenkung macht die
   früheren Nebenreihen zu Gegenreihen; f. meine
   „Ordnungsübungen" S. 121]. . . . . = 8 „

Zweiter Vers.

Die gleichen 6 Wechsel werden nun in der Gasse begonnen, doch
wird mit den 4 letzten Schritten des 6. Wechsels nach den Letzten hin
mit Vorwärtsziehen zur Säule geschwenkt, die nun in Stirn nach den
Letzten steht.

---

¹) Vergl. Spieß'ens gedruckte Beschreibung dieses „Sang= und Gangreigens"
in Kloss'ens Jahrbüchern 1859 S. 17 f. — W.

[1) Erste Stellung einer „Linie": 8 7 6 5 │ 4 3 2 1

2) Gaſſe: 8765 │ 4321

3) Nach dem Schwenken zur Linie nach den Letzten (Stellung für
den 3. Vers): [4 3 2 1 │ 5 6 7 8]

Dritter Vers.

Die Folge der 6 Wechsel wie bei 1, doch schwenken mit den vier
letzten Schritten des 6. Wechsels die Viererreihen mit Rückwärtsgehen
nach den Ersten hin zur Gaſſe, [die Schwenkung iſt auch hier wieder
eine Viertelschwenkung nach innen um die äußeren Führer der Reihen,
hier den 5. und den 4.; 3, 2, 1; 6, 7, 8 gehen rückwärts; es kehrt die
oben veranschaulichte „Gaſſe" zurück, in welcher 8 und 1 u. ſ. f.
Gegner ſind.]

Vierter Vers.

Die Folge der 6 Wechsel wird nun wieder in der Gaſſe begonnen
und beim letzten Wechsel schwenken alle Reihen wieder nach den Ersten
hin zur erſten Stellung in Säule ein.

NB. Bei fünf bis ſechs und mehr Säulen:

A   B

Ebenſo können A und B dieſe
Wechsel widergleich ausführen.

1. Vor= und Rück[wogen.]
2. Ganze Schwenkung rechts.
3. Rück= und Vor[wogen.]
4. Ganze Schwenkung links.
5. Vor= und Rück[wogen.]
6. An Ort [4 Schr.]; ¼ Schwenkung links [mit] rückwärts [gehen;
also um die r. Führer jeder einzelnen Reihe.] Diese 6 Wechsel
werden dann 4 mal wiederholt [und keine „Gaſſe" gebildet.]

[Die Schreitungslinien zu der erſten Schreitung des eben mitgetheilten Reigens: „Flamme empor —" können als ein Kreuz bildend aufgefaßt werden.

Da ſolche „Kreuz="reigen beſonders wohl in's Auge fallen, füge ich hier noch zwei Schreitungen zu dem Liede „Vöglein im hohen Baum —" hinzu, das die zu den Reigen erforderliche Anzahl Verſe hat, nämlich 4; jeder derſelben zerfällt in 7 Theile, deren jeder 2 Tacte (gleich 6 Schritten) umfaßt.

Gemäßigt.   **Silcher.**

Vög - lein im hoh - en Baum, klein iſt's, Ihr ſeht es kaum,

ſingt doch ſo ſchön, daß wohl von nah und fern,

al - le die Leu - te gern hor - chen und ſteh'n,

hor - chen und ſteh'n.

2. Blümlein im Wieſengrund
Blühen ſo lieb und bunt,
Tauſend zugleich.
Wenn Ihr vorüber geht,
Wenn Ihr die Farben ſeht,
Freuet Ihr Euch, freuet Ihr Euch.

3. Wäſſerlein fließt ſo fort
Immer von Ort zu Ort
Nieder in's Thal;
Dürſtet nun Menſch und Vieh,
Kommen zum Bächlein ſie,
Trinken zumal, trinken zumal.

4. Habt Ihr es auch bedacht,
Wer hat ſo ſchön gemacht
Alle die Drei?
Gott der Herr machte ſie,
Daß ſich nun ſpät und früh
Jedes dran freu', Jedes dran freu'.

                                                   Specter.

Bei Voraussetzung verbundener Viererreihen ist der kleinste Reigen=
körper, der diesen Reigen darstellen kann, eine Vereinigung von 4 Reihen,
die als ein Reihenkörper=Gefüge, eine „Säule" von Stirn=Linien, zu be=
trachten sind:

$$\underset{\text{2. Reihe.}}{8\cdot 7\cdot 6\cdot 5\cdot} \left| \underset{\text{1. Reihe.}}{4\ 3\ 2\ 1} \right. > \text{erste Linie.}$$

$$\underset{\text{2. Reihe.}}{8\ 7\ 6\ 5} \left| \underset{\text{1. Reihe.}}{4\cdot 3\cdot 2\cdot 1\cdot} \right. > \text{zweite „}$$

Für die Schreitungen des 1. und 3. Verses kommen nur die
gereiheten Reihen (die Reihen jeder der beiden Linien für sich) in Be=
tracht: die gerotteten Reihen des ganzen Gefüges (die ersten, die sog. Einer=
Reihen und die zweiten, die sog. Zweier=Reihen beider „Linien") treten
in Ordnungsbeziehung erst für den 2. und 4. Vers.

Erster Vers.

		Takte.	Schritte.
1. Theil.	Böglein — Baum: Vorwogen der Linien (die Einzelnen der Reihen verschränken die Arme oder hängen sie ein . . .	2 =	6
2. „	klein — kaum: Rückwogen beider Linien; Auflösen der Arme bei dem letzten Schritte in jeder Linie und ¼ Drehung nach innen:	2 =	6

$$\infty\ \text{-}\!\!\!7\ \sigma\ \sigma\ \mid\ \text{-}\!\!\!4\ \omega\ \text{ꞇ}\ \text{-}\!\!\!1 \quad . \ . \ .$$

| 3. „ | singt — schön: Vorüberzug links der Gegner= Flankenreihen jeder Linie in . . . . | 2 = | 6 |

mit ¼ Drehung der Einzelnen „nach
den Ersten" bei dem 6. Schritte und
Armverschränkung in den Viererreihen:

$$4\ 3\ 2\ 1 \mid 8\ 7\ 6\ 5$$

| 4. „ | Daß — fern: Rückwogen . . . . . | 2 = | 6 |
| 5. „ | Alle — gern: Vorwogen; nach Lösung der Hände Vierteldrehung der Einzelnen jeder Linie nach innen: . . . . . | 2 = | 6 |

$$\text{-}\!\!\!4\ \omega\ \text{ꞇ}\ \text{-}\!\!\!1\ \mid\ \infty\ \text{-}\!\!\!7\ \sigma\ \sigma$$

| 6. „ | Horchen — steh'n: Vorüberzug der entstande= nen Flankenreihen mit Drehung der Einzelnen in Stirn nach den Ersten beim letzten Schritte: . . . . | 2 = | 6 |

$$8\ 7\ 6\ 5 \mid 4\ 3\ 2\ 1$$

7. **Theil:** Horchen und steh'n: Die Reihen jeder Linie   Takte.   Schr.
schwenken (eine $\frac{1}{4}$ Schwenkung) um ihre
rückwärts gehenden äußeren Führer nach
innen (also selber rückwärts gehend) zur
„Gasse" . . . .   2 = 6
$$\overline{ 42\ \text{Schr.}}$$

8765   4321

Zweiter Vers.

Stellung eines kleinsten Reigenkörpers:

8765   4321
8·7·6·5·   4·3·2·1·

1. **Theil:** Rückwogen aller Neben= (aller gerotteten) Reihen: 6 Schritte;
die „Gasse" wird breiter.
2.   „   Vorwogen; 6 Schritte. — Vierteldrehung der Einzelnen in
den Nebenreihen nach innen bei dem 6. Schritte.

```
8            1
7            2
9            3
5            4
-----------------------
8·           1·
7·           2·
6·           3·
5·           4·
```

3.   „   Vorüberziehen und beim 6. Schritte Stirn zur Gasse.

8·7·6·5·   4·3·2·1·

8765   4321

4.   „   Vorwogen. 6 Schritte.
5.   „   Rückwogen. 6 Schritte; $\frac{1}{4}$ Drehung der Einzelnen zur Mitte
der Nebenreihen.

6. **Theil.** Vorüberzug der Flankenreihen und schließlich (beim 6. Schritt) Drehung der Einzelnen: Stirn zur Gasse — Stellung wie bei Beginn des Verses.

7. „ $^1/_4$ Schwenkung nach den Letzten mit Vorwärtsgehen (also um die „den Letzten" zugewandten Führer der Gegenreihen. — 4, 5 und 4., 5. —:

$$8765 \mid 4321$$

(mirrored line) 4·3·2·1·|·8·7·6·5·

Dritter und Vierter Vers

entsprechen den beiden ersten Versen; am Schlusse des ganzen Reigens erhält der Reigenkörper seine erste Gestalt und Stellung.

B.

Eine andere Schreitung zu diesem Liede verwendet die Ordnungs= übungen des Reihens und Schwenkens.

Bei Voraussetzung eines Reigenkörpers von derselben Zusammen= setzung wie für die Schreitung A ist die Thätigkeit für die 4 Verse des Liedes folgende:

Erster Vers.

1. Vorwärtsziehen mit 6 Schritten (2 Dreitritten).

$$8765 \mid 4321$$

2. Hinter die weiterziehenden inneren Führer (5 und 4) jeder Stirn=Linie hinterreihen (a) und Vierteldrehung der Einzelnen nach außen (b); zusammen 6 Schritte:

a)
$$\begin{array}{c|c} 5 & 4 \\ 6 & 3 \\ 7 & 2 \\ 8 & 1 \end{array}$$

b) (sideways) 5 6 7 8 | 4 3 2 1

3. ¼ Schwenkung jeder Stirnreihe nach den Letzten — eine Schwen= kung um die den Letzten zugekehrten Führer — b) 8 und 1 — nach außen:

c) (mirrored) 5698 | 1784

4.—6. Wiederholung der 3 ersten Wechsel aus der durch c) angedeuteten Stellung der Linie.

7. ¼ Schwenkung wie bei der Schreitung A zur „Gasse"; die
nicht zu schmal werden darf.

Zweiter Vers.

Die Stellung des kleinsten Reigenkörpers von Viererreihen in der
Gasse ist oben bei der Schreitung A angegeben; s. auch die nächste
Ziffern-Figur.

1. Vorwärtsziehen aller Stirnreihen mit 2 Dreitritten = 6
Schritten.

2. Vorwärtsziehen der inneren Führer der Nebenreihen, Reihung
hinter sie (a) und ¼ Drehung der Einzelnen nach außen; zusammen
= 6 Schr.

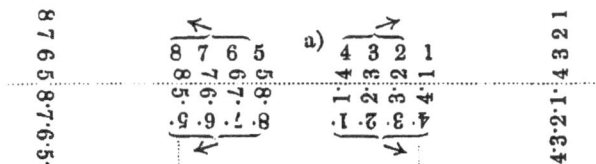

3. ¼ Schwenkung um die ursprünglich äußeren Führer der Nebenreihen, zur Stellung rücklings in Gasse

4. 6 Schritte vorwärts (mit Verbreiterung der Gasse also).

5. 6 Schritte vorw.: Hinterreihen hinter die inneren Führer der
Nebenreihen mit ¼ Drehung der Einzelnen nach außen (Rücken gegen
Rücken)

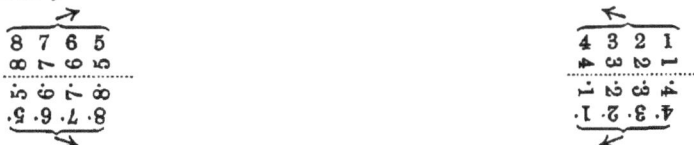

6. 6 Schritte Schwenkung zur Gasse vorlings — um 8. 5 u. 1. 4 —:

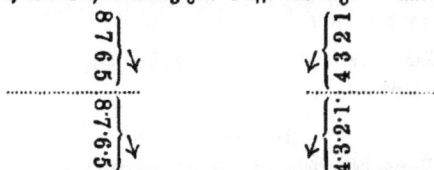

7. Weitere Schwenkung zur Linie der ursprünglichen Nebenreihen, Stirn nach den Letzten:

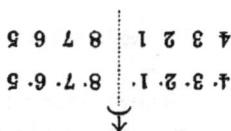

Mit Weiterzug der Linien nach den Letzten beginnt die Schreitung des 3. Verses, an dessen Schlusse die Gasse wiederkehrt; der ganze Reigen endet mit der Wiederherstellung der ursprünglichen Gestalt des ganzen Reigenkörpers.

———

Eine Verbindung der Hauptwechsel beider Schreitungen ordnete ich ferner für das Lied: „Auf, ihr Turner, laßt uns wallen" (Erk und Schauenburg: Allgem. d. Turnliederbuch, Lahr 1862, S. 162, Weise S. 1.) und ließ den Reigen zur Abwechslung auch mit der sog. Gasse beginnen. Als kleinster Reigenkörper galt mir eine Gasse von vier Viererreihen; je zwei nebengereihete Viererreihen waren Gegenreihen einer andern Linie zweier Nebenreihen von Vieren.

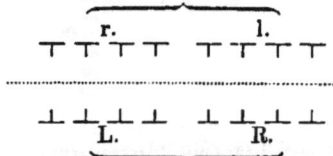

Die Weise des Liedes läßt 6 gleichlange Sätze (jeden zu 4 4/4 Takten = 4mal 4 Schritten) und einen Schluß von 1 4/4 Takt (gleich 4 Schritten) unterscheiden; einstimmigen Gesang vorausgesetzt. —

Schreitung zum ersten Verse.

1. Auf, ihr | Turner laßt uns | wallen in den |
(Auftakt) | (Vorwogen: 4 Schritte) | (Rückwogen: 4 Schritte) |
lieben freien Wald! In der
(Rechtsvorüberziehen der Nebenreihen: 8 Schritte.)

2. Eichen grünen   Hallen kräft'ger
(Rückwogen: 4 Schritte) | (Vorwogen: 4 Schritte) |
der Gesang erschallt.   In der
(Rechtsvorüberziehen: 8 Schritte)

3. Eichen grünen   Hallen
(Vorreihen in den Nebenreihen nach   (¼ Schwenkung nach außen:
innen und nach außen um: 4 Schr.   4 Schritte)
kräft'ger der Gesang erschallt.   Wo die
(widergleich: Vorreihen nach innen und ¼ Schwenkung zur Gasse:
8 Schritte)

4. alten Väter wohnten, löwen=   stark, doch taubentreu, wo einst
(Vorüberzug rechts der schrägstehen- (Vorüberzug r. u. Platzwechsel der
den r. Reihen, R. u. r., u. Wechsel   l. Reihen, L. u. l., mit 8 Schr.)
der Plätze: 8 Schritte.

5. freie Adler thronten,
(Rückkehr der rechten Reihen auf ihre Plätze: 8 Schritte.)
sich das Herz erhebet frei; wo einst
(Rückkehr der linken Reihen: 8 Schritte.)

6. freie Adler thronten,
(Stern (=schwenken) rechts der Viererreihen: 8 Schritte.)
thronten, sich das Herz erhebet
(Stern links: 8 Schritte.)

7. frei —). ¼ Schwenkung aller Viererreihen nach den Ersten:
4 Schritte

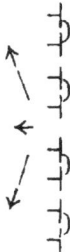

Schreitung zum zweiten Verse.

1. Vorwärtsziehen der Viererreihen; ½ Schwenkung um die Mitte
(4 Schritte)   (4 Schritte)
von der Gasse ab; Vorwärtsziehen; ½ Schwenkung gegen die Gasse.
(4 Schritte)   (4 Schritte)

2. Widergleich mit 1; also Rückwärtsziehen (4 Schritte); ½ Schw. gegen die Gasse u. f. f.

3. In jeder der beiden Neben=Viererreihen nach außen Nebenreihen vorn vorüber: 8 Schritte; nach innen Zurückreihen: 8 Schritte.

4. Jede Viererreihe gilt als ein Reihenkörper von der Ordnung, daß die beiden Mittleren als geschlossene Reihe innerhalb des Abstandes der geöffneten Reihe der Aeußeren stehen; vergl. S. 21:

a) Die Inneren reihen sich nach außen kreisend neben die sich schließenden Aeußeren: 8 Schritte (es entsteht die Stellung:

b) Die jetzigen Inneren kehren ebenfalls kreisend bei Schließung der jetzigen Aeußeren auf ihre ursprünglichen Plätze zurück —: 8 Schritte.

5. Dasselbe Nebenreihen mit Kreisen nach außen und Schließen nach innen führen die inneren und die äußeren der (vier) nebeneinander stehenden Paare aus: 8+8 Schritte. — ¼ Drehung der Neben=Viererreihen zur Gasse, so daß die früheren Stirnreihen als Flanken=reihen einander gegenüber stehen.

6. Die „Achte" (8) rechts (d. h. das erste Kreisen geschieht rechts) mit 16 Schritten: 4 für jeden Halbkreis und Herstellung der Reihen in Stirn.

7. ¼ Schwenkung mit rückwärts Gehen zur Gasse.

Die Schreitungen zum 3. und 4. Verse ergeben sich aus den für die beiden ersten Strophen angeführten Bewegungen.

Angereiht sei noch ein sehr einfacher Reigen*) zu dem Liede: „Der Mai ist gekommen":

1. { Der Mai ist ge-kom-men, die Bäume schla-gen aus, wie die
   { Da blei = be, wer Lust hat, mit Sor = gen zu Haus,

*) Vom 8. October 1857.

8

Wol - ken dort wan - dern am himm - li - schen Zelt; so

steht auch mir der Sinn in die wei - te, wei - te Welt.

2. Frisch auf drum, frisch auf! Im hellen Sonnenstrahl
   Wohl über die Berge, wohl durch das tiefe Thal;
   Die Quellen erklingen, die Bäume rauschen all!
   Mein Herz ist wie 'ne Lerche und stimmet ein mit Schall.

3. O Wandern, o Wandern, du freie Burschenlust (Jugendlust)!
   Da wehet Gottes Odem so frisch in die Brust,
   Da singet und jauchzet das Herz im Himmelszelt:
   Wie bist du doch so schön, du weite, weite Welt.

Em. Geibel.

Da die zweite Hälfte jeder Strophe wiederholt werden soll, so zerlegt sich für den Reigen jede in 6 Theile, deren jeder 4 ³⁄₄ Takte (12 Schritte) umschließt.

Aus einer scheinbaren Säule von Viererreihen bilde man durch Schwenkung der Paare gegen einander (wonach also jede 4 Rebner einen Reihenkörper darstellen, somit die ursprüngliche Säule als ein Reihenkörpergefüge, eine Säule von kleinen Linien aufzufassen ist) — man bilde, sagen wir, aus der Linie der Reben-Paare durch Schwenkung der Paare die sog. Gasse der Gegenpaare; s. die II Stellung:

Schreitung zum ersten Verse:

1. Zug der Paare (nach Umkehren bei verschränkten Armen, wie bei dem sog. „Begegnen") nach außen (von der Mittellinie fort.) . . . . = 12 Schr.

2. Stern r. der Nebenpaare (die, St. III, Gegenpaare werden.) . . . . = 12 „

3. Zug der Paare nach innen. .   = 12 Schr.
4. Stern I. der Gegenpaare. . . . .   = 12   „
5. Mit 6 Schritten: „Viererreihen nach den Ersten"
   (d. h. Herstellen der I Stellung) und Vorwärts=
   ziehen; 6 Schritte: Herstellen der Gasse mit
   Rückwärtsgehen; zuf. . . . .   = 12   „
6. „Viererreihen nach den Letzten" und (3 Schritte)
   Vorwärtsgehen; ferner Herstellen der Gasse; zuf. = 12   „

Die Schreitung zu dem zweiten Verse bestand in der
Ringkette des ganzen Reigenkörpers; aus der „Gasse" schwenkten die
Nebenpaare gegen einander (f. oben Stellung III) und am Schlusse
dieser Kette im Kreise wurde die Gasse wieder hergestellt; ist die Schüler=
abtheilung groß, so reicht freilich der Vers nicht aus und man muß durch
Wiederholung (eines Theiles oder des Ganzen) sich zu helfen suchen.

Schreitung zum dritten Verse.

Wie bei dem ersten, jedoch statt des obigen „Wechsels" Stern irgend
ein Anderer, z. B. das Umkreisen mit Oeffnen und Schließen (f. S. 54):

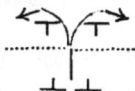

und wenn aus der Gasse zur Säule der Neben=Paare (der „Linien")
geschwenkt werden soll, so kann dies zuerst „nach den Letzten" geschehen.

Dr. Weismann's Lied: „Frühling wie schön bist Du" gebe
ich hier nach der mir gewordenen Aufzeichnung des Verfassers:

1. Frühling wie schön bist du, we - best ohn' Rast und Ruh,

von bei - nem Kuß er - wacht Le - ben mit Macht.

2. Blu - men die sprie - ßen, Was - ser die flie - ßen, rings-um im
3. Fröh - li - che Lie - der schal - len nun wie - der, fül - len mit
4. Laßt uns den Sü - ßen fei - ernd be - grü - ßen, schlin - get die

Glan - ze pran - get die Flur. Ja!
Ju - bel Thal, Wald und Höh'n. Ja!
Hän - de zu dem Willkomm! Ja!

In Spießen's Nachlaß finde ich wohl eine Andeutung von dem Vorhandensein eines Reigens zu diesem schönen Frühlingsliede, die Beschreibung desselben hat sich jedoch nicht erhalten, wenigstens für mich nicht, da in den mir übergebenen Papieren keine Schreitung zu der in Rede stehenden Weise sich vorfindet.

Da die sog. Vierecksreigen in Spieß'ens Nachlaß nur schwach vertreten sind, so versuchte ich folgende Schreitung für vier in Vierung gestellte Viererreihen zu dem obigen Liede anzuordnen:

Erster Vers.

1. a) Schrägzug von 1 und 2 (die sich durch ¼ Drehung r. in Flankenreihen umwandeln) zur Mitte mit 6 Schritten (bei I. Antreten) und I. um Kehrt beim 6. Schritte (2 Takte); alsbald

b) 4 Wiegeschritte hin und her mit I. Antreten (und Seitheben je eines Armes) . . . . = 4 Takte.

c) Zurückzug auf den ersten Platz, 6 Schritte. . = 2 „

2. Dasselbe von den Reihen 3 und 4 in den 8 übrigen Takten des Verses.

Zweiter Vers.

1. a) Bei verschränkten Armen führen alle Viererreihen gleichzeitig (mit 6 Schritten) ⅛ Schwenkung r. aus und beim 6. Schritte findet Handlösung und Vierteldrehung der Einzelnen der zwei Nebenpaare, aus denen jede Viererordnung jetzt bestehen soll, nach innen statt, wonach je 2 Flankenpaare Gegenpaare sind.

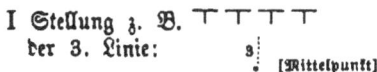

I Stellung z. B. ⊤⊤⊤⊤   II St.
der 3. Linie: 3⋮ [Mittelpunkt]   [Mittelpunkt]

Am Schlusse der beiden Takte stehen alle Einzelnen mit geschlossenen Beinen.

b) 4 Wiegeschritte hin und her, wobei Alle links antreten:

4 Takte. Am Schluffe derselben ftehen nach einer Vierteldrehung der Einzelnen die Flanken=Gegenpaare wieder als Stirn=Nebenpaare.

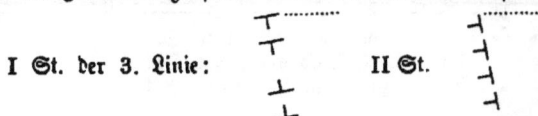

```
                    ┬ ............ ┬
                    ┬              ┬
   I St. der 3. Linie:    II St.   ┬
                    ┴              ┴
                    ┴              ┴
```

c) Mit 2 weiteren Takten (6 Schritten) schwenkt bei Armver=schränkung jede Viererordnung wieder auf ihren ursprünglichen Stellungs=ort im Viereck mittelft Rückwärtsgehens zurück.

    2. 2 Takte: Achtelschwenkung aller Linien links.

        4 „   Wiegeschritt mit I. Antreten bei Gegenstellung von Flankenpaaren.

        2 „   Zurückschwenken mit Rückwärtsgehen.

Dritter Vers.

    1. a) Jede Viererordnung gestaltet sich durch ¼ Drehung der Ein=zelnen zu 2 Flankenpaaren um, die rücklings gegen einander stehn:

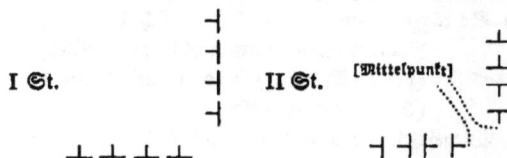

```
              ┤                        ┴
   I St.      ┤       II St.  [Mittelpunkt]  ┬
              ┤                        ┬
              ┤                ┤ ┤ ┤ ┤
         ┴ ┴ ┴ ┴
```

Schrägzug der Ecken=Paare zur Mitte und, bei Hochheben der Arme, Bildung eines Stirnringes von Vieren. — 6 Schritte = 2 Takte. Auflösen des Ringes und Rückkehr jedes Flankenpaares zur ursprünglichen Stellung der Vier, Stirn zur Mitte. — 6 Schritte = 2 Takte.

    b) Schrägzug der Eckenpaare von der Mitte ab (nach außen), Ringbildung mit Armheben: 2 Takte; Rückkehr: 2 Takte.

    2. Die übrigbleibenden 8 Takte werden folgendermaßen verwendet:

        a) Ring Aller bei Handfassen: Vorwogen mit 3, Rückwogen mit 3 Schritten und Vorbeugen (Verbeugung) bei den Rückschritten. . . . . = 2 Takte.

        b) Wiederholung dieses Wogens . . . = 2 „

und Gegenstellung der Einzelnen jedes Stirnpaares mit Handfassen:

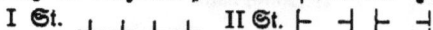

        I St. ┴ ┴ ┴ ┴   II St. ├ ┤ ├ ┤

        c) Seitwogen mit Wiegeschritt nach und von der Kreismitte mit wechselndem Heben der gefaßt bleibenden Hände und Wieder=herstellung der Viereckstellung in der letzten Zeit = 4 Takte.

Schluß.

Wiederholung der Einleitung: „Frühling, wie schön bist Du" bis: „erwacht Leben — mit Macht", 8 Takte:

a) In jeder Viererordnung bilden sich Flankenpaare, indem sich die beiden Aeußeren hinter die beiden Mittleren reihen:

I St. ⊥ ⊥ ⊥ ⊥   II St. ⊥ ⊥ / ⊥ ⊥

und diese Paare führen einen Kreisumzug nach außen mit 12 Schritten aus

b) Nach einer Kehrung der Mittleren erfolge ebenso Kreisumzug von der Mitte des Vierecks ab.

Oder: Stern r. mit 12 und Stern l. mit 12 Schritten der Ecken-Paare; und Aehnl.

Folgende Schreitung hat für eine Säule von Schülerinnen Dr. Weißmann zu diesem seinem Liede geordnet:

Erster Vers:

a) 8 Takte: Wiegeschritt an Ort hin und her mit l. Antreten und Stütz der Hände auf den Hüften.

b) 8 „ Vor- und Rückwogen je mit 4 Wiegeschritten bei Hochfassen der Hände seitens der Nebner. Der letzte Wiegeschritt wird eigentlich nur ein Zweitritt, der Fermate wegen und während deren Dauer findet Zehenstand Aller statt.

Zweiter Vers.

a) 8 Takte: Wie bei dem 1. Verse.

b) 8 „ Seitwogen hin und her mit „Kreuzwirbeln und Wiegeschritt", bei l. antreten und Handstütz auf den Hüften. Da ein Kreuzwirbeln mit Wiegeschritt schon 2 ($^3/_4$) Takte in Anspruch nimmt, so finden im Ganzen 4 Seitenbewegungen statt; bei der Fermate benimmt man sich wie bei dem 1. Verse.

Dritter Vers.

a) 8 Takte: Wie bei Vers 1.

b) 8 „ je 2 Nebner werden durch Vierteldrehung Gegner:

I Stellung ⊤ ⊤   II St. ⊢ ⊣,
    vorn   vorn

und wogen seitwärts hin und her mit 8 Wiegeschritten, „nach vorn" antretend und mit Aufschwingen der Arme in der Schreitrichtung. Bei der Fermate kehrt die Nebenstellung der Einzelnen wieder, die mit gehobenen Armen Zehenstand (auf -Dauer) machen.

Schluß.

Wiegeschritt im Kreuz mit l. antreten und viermal l. um; bei Handhochfassen der Nebner. — Da für jede der vier das Kreuz bildenden Seiten (Linien) 2 Wiegeschritte, (1 Wiegeschritt l. hin und 1 r. her) nöthig sind, so reichen die 8 Takte des Einganges „Frühling, wie schön bist Du — Leben mit Macht" für dieses „Kreuz" gerade aus. —]

Reigen, welcher im Januar, Februar und März 1854 von den Mädchen getanzt ward.

[Großer Tanzreigen im ¾ Takt; vergl. den ²/₄-Takt-Reigen S. 47 u. f.]

Es ist derselbe für 32 Reigner, welche in Gasse gestellt 8 Gegenpaare und 8 Nebenpaare bilden, geordnet [s. S. 120]. Die Grundstellung des Reigens wird aus der Säule von 8 Viererreihen gebildet, so daß alle rechten Paare in dem einen Mal, alle linken Paare im andern Male Stirn gegen Stirn in Gasse stehen, d. h. die Linie der Rechten steht der Linie der Linken gegenüber. Gegenüberstehende Paare der Rechten und Linken bilden die 8 Doppelpaare der Gegenpaare. Nebeneinanderstehende Paare der Rechten bilden 4 Doppelpaare der Nebenpaare, nebeneinanderstehende Paare der Linken bilden 4 Doppelpaare der Nebenpaare, zusammen 8 Nebenpaare. Je 2 Gegenpaare, welche zugleich miteinander 2 Nebenpaare bilden, sind [die kleinsten Reigenkörper für diesen Reigen und zugleich] die Gliederung [der angenommenen 32 Reigner] welche die kleinen Wechsel mit einander tanzen. Solcher 4 Paare hat der Reigenkörper 4, wir unterscheiden die 4 Paare der Ersten, die 4 Paare der Letzten, und beide 4 Paare der Mittleren, von welchen die einen 4 Paare die Mittelersten, die andern 4 Paare die Mittelletzten genannt werden können.

Ein jeder kleine Wechsel wird zuerst von den Gegenpaaren und dann von den Nebenpaaren getanzt, so daß je 4 Reigener, oder ein Doppelpaar die Gliederung bildet, welche die kleinen Wechsel tanzet. Die großen Wechsel werden in Kreislinie getanzt, alle Paare verkehren dabei miteinander.

Einem jeden kleinen Wechsel gehet ein Zwischenzug voraus; wir unterscheiden viererlei solcher Zwischenzüge, deren ein jeder in $8\frac{3}{4}$ = 24 Zeiten ausgeführt wird [vergl. S. 31 und 36 f.]:

1. Rechtsziehen, die Gasse ziehet nach dem äußeren Male der Rechten hin und her auf die inneren Male, [wobei die ursprünglich linken Paare vorwärts gehen und ebenso nach Kehrt der Einzelnen die ursprünglich rechten Paare].

2. Linksziehen, die Gasse ziehet nach dem äußeren Male der Linken hin und her auf die inneren Male. [Die ursprünglich linken Paare kehren sich also um.]

3. „Nach den Ersten ziehen": Beide Säulen der Stirnpaare [s. unten St. I] ziehen innerhalb der inneren Male nach den Ersten hin und her in die Grundstellung.

4. „Nach den Letzten ziehen": Beide Säulen der Stirnpaare ziehen [nach Kehrtmachen der vier Nebner] innerhalb der inneren Male nach den Letzten hin und her in die Grundstellung.

NB. Alle Reigner ziehen stets vorwärts mit Kibitzgang auf den Zehen und Kniewippen des je nachstellenden Beines.

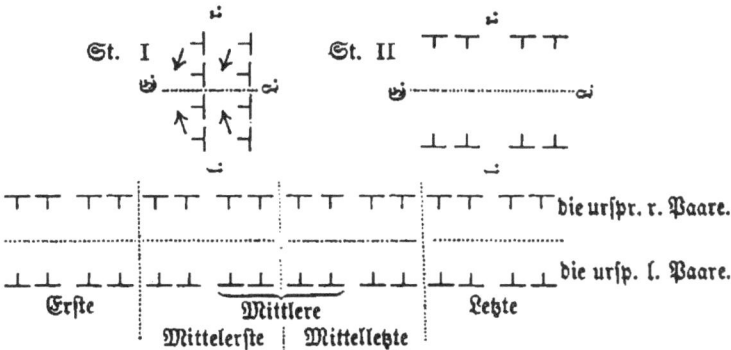

die urspr. r. Paare.

die ursp. l. Paare.

Erste   Mittlere   Letzte

Mittelerste   Mittelletzte

Wie die Dauer eines Zwischenzuges $8\frac{3}{4}$ Takte zählet, so werden auch $8\frac{3}{4}$ Takte als Zeitdauer für einen jeden kleinen Wechsel gezählet, während die Dauer der großen Wechsel $32\frac{3}{4}$ Takte beträgt.

Der Reigen besteht aus 4 Theilen, einem jeden Theile folgt eine Rast von beliebiger Zeit, welche auch durch einen großen Zwischenzug von bestimmter Dauer ausgefüllt werden kann. Ein jeder Reigentheil besteht aus zwei kleinen Wechseln und einem schließenden großen Wechsel. Es mag hier eine kurze Aufzeichnung der Reigentheile folgen.

Aufzug. [Vergl. S. 48.]

I Reigentheil.

Kl. W.
$\begin{cases} \text{Zwischenzug 1} & . \; . \; . \; . = 8\tfrac{3}{4} \\ \text{1 Schieben b. G. P.} & . \; . = 8\tfrac{3}{4} \\ \text{Zwischenzug 2} & . \; . \; . \; . = 8\tfrac{3}{4} \\ \text{1 Schieben b. N. P.} & . \; . = 8\tfrac{3}{4} \end{cases}$

Kl. W.
$\begin{cases} \text{Zwischenzug 3} & . \; . \; . \; . = 8\tfrac{3}{4} \\ \text{2 Wiegezwirbeln b. G. P.} & = 8\tfrac{3}{4} \\ \text{Zwischenzug 4} & . \; . \; . \; . = 8\tfrac{3}{4} \\ \text{2 Wiegezwirbeln b. N. P.} & = 8\tfrac{3}{4} \end{cases}$

Gr. W. Kette mit Halbstern . . $= 32\tfrac{3}{4}$

Erste Rast — $32\tfrac{3}{4}$ Takt. Zusammen $= 96\tfrac{3}{4}$ Takte
$= 128\tfrac{3}{4}$ Takte.

II Reigentheil.

1. Kl. W.
$\begin{cases} \text{Zwischenzug 1} \\ \text{1 Thor b. G. P.} \\ \text{Zwischenzug 2} \\ \text{1 Thor b. N. P.} \end{cases}$

2. Kl. W.
$\begin{cases} \text{Zwischenzug 3} \\ \text{2 Rad b. G. P.} \\ \text{Zwischenzug 4} \\ \text{2 Rad b. N. P.} \end{cases}$

Gr. W. Kette mit Halbring.
Zweite Rast.

III Reigentheil.

1. Kl. W.
$\begin{cases} \text{Zwischenzug 1} \\ \text{1 Wickeln b. G. P.} \\ \text{Zwischenzug 2} \\ \text{1 Wickeln b. N. P.} \end{cases}$

2. Kl. W.
$\begin{cases} \text{Zwischenzug 3} \\ \text{2 Umkreisen b. G. P.} \\ \text{Zwischenzug 4} \\ \text{2 Umkreisen b. N. P.} \end{cases}$

G. W. Doppelkette, d. h. Kette der
Gegner und Nebner.
Dritte Rast.

IV Reigentheil.

1. Kl. W.
$\begin{cases} \text{Zwischenzug 1} \\ \text{1 Doppelschwenken b. G. P.} \\ \text{Zwischenzug 2} \\ \text{1 Doppelschwenken b. N. P.} \end{cases}$

2. Kl. W.
$\begin{cases} \text{Zwischenzug 3} \\ \text{2 Vier zur Mitte b. G. P.} \\ \text{Zwischenzug 4} \\ \text{2 Vier zur Mitte b. N. P.} \end{cases}$

Gr. W. Kette mit Gegenschwenken b. P.
Vierte Rast.
Abzug.

Obiger Tanzreigen im ³/₄ Takt, ward bei der am 16. März 1855
abgehaltenen Turnprüfung, als Zwillingsreigen von 48 Mädchen getanzt.
Dabei hatte sich im Verlaufe des Jahres die Anordnung des Ganzen
in folgender Weise verändert. Da anstatt des Rechts=, Links=, nach
[den] Ersten= und nach [den] Letzten=Ziehens, alles Zwischenzüge von
[je nur] 8³/₄ Takten, nun je im Wechsel die Zwischenzüge „Viereck nach
den Ersten" und „Viereck nach den Letzten" von je 16³/₄ Takten ausgeführt
wurden, so mußten die nachfolgenden kleinen Wechsel auch ums Doppelte
verlängert werden zur Dauer von je 16³/₄ Takten, wodurch die Zeitdauer
eines jeden Reigentheiles fast ums Doppelte verlängert ward.

Beschreiben wir hier zuerst den Aufzug aus der wiedergleichen
Linienstellung beider Reihen von 24 Reignern. [Gegenüber stehen 2 Säulen,
jede bestehend aus 6 „Linien", je von 2 Stirn=Paaren. Diese hinter
einander stehenden] Doppelpaare ziehen mit Kibitzschritt im ³/₄ Takte durch
die Mitte [A] und kreisen nach Außen um 2 Kreismitten, durch welche
dann eine jede der beiden Säulen von Doppelpaaren in gerader [Gang=]
Linie zur Gasse ziehet, wie bei dem Festreigen vom 15. Dez. 1853.

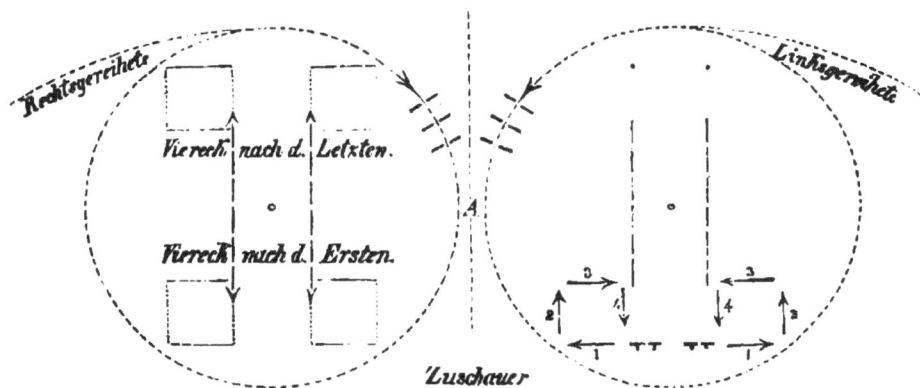

Zu der Verkürzung des Aufzuges räth schon die lange Dauer und
größere Anstrengung des Reigens.

Beschreibung der Zwischenzüge 1) „Viereck nach den Ersten" oder
2) „Letzten", von je 16³/₄ Takten und 3) Ziehen zum Kreis von je
8³/₄ Takten.

1. Alle Paare einer Gasse [St. I unten] schwenken in Säule nach den
Ersten [Stell. II] bei verschränkten Armen und tanzen mit 3 Schwenk=

I St. 2. Doppelpaar.

1. Doppelpaar.

II St. ←—( )→

R. L.
Paare.

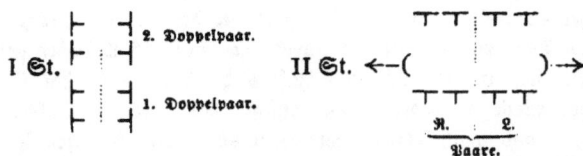

hüpfen [sich trennend] durch die erste Linie des Viereckes, worauf sie vor dem Einbiegen in die zweite Linie desselben, also an erster Ecke mit Dreitritt ein Kehrt der Paarleute nach Innen machen. Durch die zweite Linie des Viereckes schreiten die Paare mit 3 Kibitzschritten und machen an der zweiten Ecke wieder Kehrt nach Innen. Durch die dritte Linie des Viereckes wird wieder mit Schwenkhüpfen getanzt wie durch die erste Linie, worauf an der dritten Ecke Kehrt nach Innen gemacht wird. Durch die vierte Linie des Viereckes wird wie durch die zweite mit Kibitzgang geschritten, worauf dann an der vierten Ecke die Paare in die Gasse einschwenken ohne Kehrt nach Innen. [Richtiger: es findet schließlich ein Nebenreihen zur ursprünglichen Stellung des Paares mit 1/4 Drehung des Einen und 3/4 Drehung des Andern statt.] Dieses Viereck nach den Ersten gehet stets den kleinen Wechseln voraus und zwar dann, wenn dieselben von den Gegenpaaren getanzt werden. Dabei ziehen die ursprünglich rechten Paare rechts, die ursprünglich linken Paare links um die Mitte des Viereckes, widergleich nach Außen. Tanzen und Gehen im Wechsel macht den Zwischenzug wechselvoller und weniger anstrengend. [Bei dem angegebenen Kreisen wird also die 2. Linie des Vierecks mit Vorwärtsgehen gegen die Letzten hin durchzogen, s. die Zeichnung S. 122.]

2. „Viereck nach den Letzten" beginnt bei der umgekehrten Säulen=stellung aller Paare nach den Letzten. Nun ziehen alle Paare in wider=gleichen Vierecken nach Außen wie bei 1., so daß stets an drei Ecken

R. L.
Zuschauer.

die Paare Kehrt nach Innen machen, worauf dann an der vierten Ecke dies unterbleibt und nur je die Paare, welche bei den Doppelpaaren der

Nebenpaare nach den Ersten stehen, eine halbe Schwenkung (kein Kehrt nach Innen) machen, um so ihren Nebenpaaren gegenüber zu stehen. Würde von genannten ersten Paaren anstatt der Schwenkung ein Kehrt nach Innen gemacht, so würde dadurch die festgeordnete Stellung rechter und linker Führer in den Paaren aufgegeben werden, was zu vermeiden ist. Bei diesem Viereck, das stets dem Tanzen der kleinen Wechsel von Nebenpaaren vorausgehet, ziehen die ursprünglich rechten Paare links, die ursprünglich linken Paare rechts, also widergleich nach Außen um die Mitte ihrer Vierecke. [Die 2. Linie jedes Vierecks, s. die Zeichnung S. 123, wird mit Vorwärtsgehen nach den Ersten durchzogen.]

3) „Ziehen zum Kreis" heißt der Zwischenzug, welcher je nur den großen Wechseln vorausgehet, die ja alle in der Kreisstellung getanzt werden. Nach dem Tanzen des zweiten kl. Wechsels eines jeden Reigen= theiles, und zwar, sobald er von den Nebenpaaren getanzt worden, tanzen aus der Gasse die Paare mit 3 Schwenkhüpfen und Dreitritt (4¾ T.) in geraden Linien nach den äußeren Malen, worauf in den folgenden 4¾ T. sich die Nebenpaare in der größeren Kreislinie einander gegen= über stellen, wobei nur mit Kibitzgang geschritten wird. Die Doppel= paare der Ersten und Letzten müssen dabei zum Runden und Schließen des Kreises fortschreiten, während die Doppelpaare der Mittleren nur auf den äußeren Malen eine geringe Ortsveränderung vollführen. Nach diesen 8¾ Tacten beginnt dann erst je der große Wechsel, der dann nach 32¾ Tacten endet und die Paare zur Gassenstellung zurückführt. [Die Einzelnen aller Nebenpaare der Gasse machen also nach den Ersten um, s. Fig. II; das Schwenkhüpfen nach außen verbreitert die Gasse; das eigentliche Kreisbilden erfolgt erst bei dem Schwenken zu Gegen= paaren, s. Fig. III].

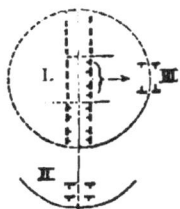

Beschreibung der 8 kleinen Wechsel, von welchen ein jeder [8 Takte währt]; weil er [jedoch] wiederholt wird [braucht man hiefür, wie für den Zug im Viereck] 16¾ Tacte.

1. Schieben [besser wohl: das Verschieben: 8 Takte. Mit der Wiederholung = 16 Takte]. Das Doppelpaar stehet Stirn gegen Stirn. Beide rechten Führerinnen, fassen sich mit hochgehobenen rechten Händen, während die linken Führerinnen, mit linker Hand, die linke Hand ihrer Gegnerin [Sp.: Tänzerin] erfassen und zwar so, daß die Paarleute Stirn gegen Stirn stehen. [„Paarleute" sind Spieß die Einzelnen des Paares; also sollen die Nebner der Gasse Gegner werden, und die Stellung die unten bei II folgende sein; durch Seitheben r. beider Arme finden die Gegner am einfachsten die oben beschriebene Handreichung:

Erste

I. r. antreten   II. l. antreten)

Alle 4 beginnen Wiegegang rechts, so daß beide rechte Führerinnen sich Stirn gegen Stirn voreinander schieben, während die linken Führerinnen sich nach Außen bewegen. Mit dem folgenden linken Wiegeschritte der 4, schieben sich die Paarleute voreinander, mit dem folgenden rechten Wiegeschritt wiederholt sich die Verschiebung wie bei dem ersten rechten und bei dem folgenden linken Wiegeschritt wiederholt sich die Verschiebung wie bei dem zweiten linken Wiegeschritt. Nach diesen 4 Wiegeschritten fassen beide linke Führerinnen des Doppelpaares ihre linken Hände, während sie die rechten Hände, den rechten Händen ihrer gegenüber= stehenden Paarleute geben. Nun wird mit linkem, rechtem, linkem, rech= tem Wiegeschritt das viermalige Verschieben wiederholt, so daß die ganze Bewegung in 8 $^3/_4$ Takten endet. Bei der *) [Wiederholung des Wech= sels wähle man die ursprüngliche Gassenstellung der Einzelnen, hervor= gerufen durch eine Vierteldrehung der 4 zusammengehörenden Reigner: zuerst reichen sich (bei der durch a. angedeuteten Stellung) die r. Führerinnen der Gegenpaare die l. Hand und ihren Gegnerinnen zugleich

die r. Hand, worauf 4 Wiegeschritte mit l. antreten gegangen werden; die Haltung der Hände wechselt nun: die l. Führerinnen reichen sich die

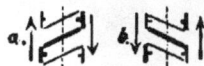

---

*) Hiermit endet die Handschrift; Spieß'ens Krankheit hat ihn nicht dazu kommen lassen, die weggelegte Feder wieder zu ergreifen. —

r. Hand, ihren Gegnerinnen die l. und mit r. Antreten folgen auf's
Neue 4 Wiegeschritte.

2. Viereck nach den Letzten, 16 (³/₄) Takte.

3. Verschieben der Nebenpaare. 8 Takte, und mit der Wiederholung
16 Takte:

I.   II.   III.

Erste   Erste

a) Die aus den Nebenpaaren (Fig. I.) durch ¼ Schwenkung nach
innen entstandenen Gegenpaare (II.) führen das Verschieben mit 8 Wiege=
schritten zuerst aus.

Da zuerst r. angeschritten werden soll, so müssen 2 Schräge sich
die schräg rechts (vorwärts) gehobene r. Hand reichen: es thun dies die
l. Führerinnen der Gegenpaare, die ihre l. Hände den l. ihrer Gegnerinnen reichen. — Nach 4 Wiegeschritten wechselt die Handhaltung und
die Richtung des Gehens: die r. Führerinnen geben sich die linken
schräg nach außen gehobenen Hände (ihren Gegnerinnen die r. Hand)
und es wird zu den folgenden 4 Wiegeschritten links angetreten.

b) Durch Vierteldrehung der Einzelnen werden die bisherigen
Nebner Gegner (s. Zeichnung III.) und in dieser Stellung der 4 Reigner
wiederholt sich das Verschieben mit seiner Dauer von 8 Takten. Des
Rechtsantretens wegen haben sich die rechte Hand schräg entgegenzustrecken
die Linken der jetzigen Nebner (III. a: ihre l. Hände geben diese Schrägen
ihren Gegnern). — Für die zweite Folge der 4 Wiegeschritte wechselt
Handreichen und Antreten: die Rechten der jetzigen Nebner geben sich
die schräg links gehobene l. Hand (III. b: ihre r. Hände erhalten die
Gegner) und Alle treten links an.

Viereck nach den Ersten, 16 Takte.

Zweiter kleiner Wechsel. **Wiegezwirbeln** (d. h. Zwirbeln mit Wiegeschritt; vergl. S. 50).

1. Wiegezwirbeln der Nebenpaare.

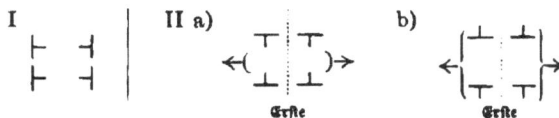

I   II a)   b)

Erste   Erste

Die Nebner jedes in der Gasse stehenden Paares (s. I) werden durch ¼ Drehung Gegner (II a) und ziehen mit dem sog. Wiegezwirbeln seitwärts von der Mitte ab; nach dem 3. Tritte jedes der beiden ersten Wiegeschritte erfolgt auf dem kniewippenden Standbeine eine Kehrung: wer r. anschreitet macht also einen Wiegeschritt r. seitwärts; darauf mit Rückschwingen des l. Beines und l. um kehrt einen Wiegeschritt l. seitwärts, mit Rückschwingen des r. Beines und Kehrung r. (auf l. Fuße) einen Wiegeschritt r. seitwärts; darauf erfolgt an Ort ein Dreitritt: zusammen 4 (³/₄) Takte. Die Gegenbewegung zur Mitte nimmt ebenfalls 4 Tacte in Anspruch.

Für die Wiederholung dieses Hin= und Herwogens von und zu der Mitte (in einer Zeitdauer von 8 (³/₄) Takten) kann auch die durch II b angedeutete Rücklingsstellung der früheren Gegner gewählt werden.

Zwischenzug: Viereck nach den Letzten. (16 Takte.)

2. Wiegezwirbeln der Gegenpaare.

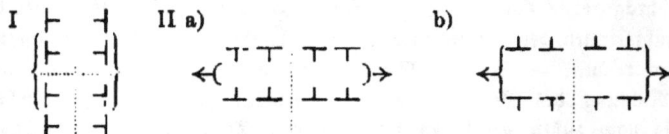

Je 2 Nebenpaare der Gasse (Zeichnung I) werden durch ¼ Schwenkung nach innen Gegenpaare (II a) und zwirbeln von und nach der Mitte der Gasse.

Für die Wiederholung können die Gegner sich zuerst den Rücken zukehren und dann ebenfalls von der Mitte und nach der Mitte zwirbelnd wogen.

„Ziehen zum Kreise" (von der Mitte ab 3 Schwenkhüpfe und ein Dreitritt) und (mit 4 Dreitritten) Bilden der Gegenpaare und Stellung derselben im Kreise (zusammen 8 Takte).

Großer Wechsel (in 32 (³/₄) Tacten): „Kette mit Halbstern."

Die 4 Einzelnen der Gegenpaare reichen sich mit einer ⅛ Drehung l. die r. Hand und ziehen r. kreisend 2 Dreitritte vorwärts; nach Lösung der Hände reichen die jetzt eine Flankenreihe bildenden ursprünglichen Nebner sich links drehend dem entgegenkommenden Flankenpaare die l. Hand zum Halbstern links; nach 2 Dreitritten und Linkskreisen bildet sich ein weiterer Stern mit Reichung der r. Hände u. s. f.

II Theil des Reigens.

Thor. Rad. Kette mit Halbring.

1. Viereck nach den Ersten. 16 (³⁄₄) Takte.
2. Thor der Gegenpaare. (Vergl. S. 23 und 89.)

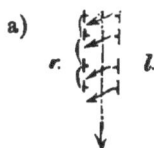

a)

a) In der Gasse bleibend bilden je 2 Nebenpaare der Rechten bei Heben der gefaßten Hände ein sogenanntes „Thor" und wogen vor= und rückwärts je mit 2 Dreitritten; ihre Gegner ziehen schräg l. mit 2 Dreitritten vorwärts und dabei (mit Ausnahme des l. Führers der „Linie") durch das Thor; bei der Rückwärtsbewegung ziehen die durch das Thor Gegangenen ohne Drehung rechts und durchschreiten, jetzt mit Ausnahme des r. Führers der Linie, noch einmal das Thor: am Ende des 4. Taktes stehen alle Acht wieder in der Gasse.

Die 2 Nebenpaare der ursprünglich Linken bilden jetzt das Thor; das einmal mit Vor=, das andre Mal mit Rückwärtsgehen der ursprüng= lich Rechten durchschritten wird, zusammen in 4 Takten. — Die durch das Thor Ziehenden kreisen rechts.

b) Für die Wiederholung möge man die Gegenstellung der ur= sprünglichen Nebner durch Vierteldrehung der Einzelnen hervorrufen und die nach den Letzten Stehenden zuerst das Thor bilden lassen.

In meinen Aufzeichnungen finde ich noch eine weitere Anordnung des Thores.

Sämmtliche Nebenpaare schwenken (mit ¹⁄₄ Schwenkung) nach den Ersten:

I Stellung in der Gasse.   II Stellung nach dem Schwenken.

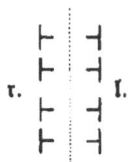

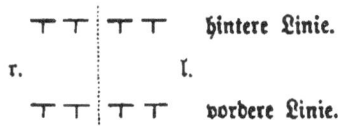

hintere Linie.

vordere Linie.

Die vorderen Linien bilden zuerst das Thor, welches zuerst (2 Tacte) rückwärts und dann vorwärts (2 Tacte) zieht und von den schräg vorwärts links und darauf rückwärts gehenden Einzelnen der hinteren Linien zweimal durchschritten wird; die Wiederholung dieses Wechsels nimmt ebenfalls 4 Tacte in Anspruch.

Das „Thor" muß aber noch einmal in 8 Tacten ausgeführt werden. Ob Spieß hierzu die Gegner sich umkehren ließ, weiß ich nicht; ordnet man diese Stellung an, so stehen die obigen 8 Reigner folgendermaßen:

hintere Linie.

vordere Linie.

und die frühere „hintere Linie" wird zuerst das „Thor" mit Rück- und Vorwogen darstellen.

Viereck nach den Letzten. 16 Tacte.

2. Thor der Nebenpaare.

a) Je 2 Nebenpaare (Stellung I) werden durch ¼ Schwenkung nach innen Gegenpaare (s. Stellung II).

I St. in der Gasse. II St. nach dem Schwenken.

Das Thor bilden zuerst „die nach den Letzten", wie Spieß sich kurz ausdrückte, d. h. diejenigen der jetzigen Nebenpaare (4 Einzelne), die Stirn nach den Letzten haben. — 8 Tacte im Ganzen. —

b) Für die Wiederholung des Wechsels in 8 Tacten lasse man z. B. die Nebner der Paare sich zu Gegnern drehen und das Thor etwa zuerst von den äußeren Paaren bilden.

Viereck nach den Ersten.

Rad der Gegenpaare.

Die Gegenpaare bleiben in der Gasse (I). — Die r. Führerinnen machen I. um, hängen bei gehobener Hand die r. Ellenbogen ein und machen mit Dreitritt

9

¹/₂ Schwenkung r. um die Mitte (II). Mit der an Ort gebliebenen l. Führerin des Gegenpaares, die sich r. um dreht, machen sie bei Ein=hängen des l. Armes eine ³/₄ Schwenkung l. und stehen nach Aushängen des l. Armes wieder Stirn zur Gasse, während ihre Schwenkgenossen sich mittelst links=umkehrt der Gasse zukehren; so stehen die 4 Reigner als Gegenpaare; die jetzigen Nebner gehören ursprüng=lich verschiedenen Reihen an: die ursprünglich linken Führerinnen der Gegenreihen sind auch wieder linke Führerinnen der neu entstandenen Paare (III).   2 + 2 = 4 Dreitritte.

Dieses Rad wiederholt sich, indem aufs Neue die r. Führerinnen der Paare zuerst miteinander den r. Arm einhängen und bei Einhängen des l. Armes mit den bisher an Ort gebliebenen Zweiten l. schwenken; nach 4 Dreitritten kehrt die erste Paarbildung und deren Gegenstellung zurück; die Linken (Zweiten der ursprünglichen Paare) kommen nicht in die Standlinie der Gegenpaare hinüber.

Wiederholung des Wechsels mit 2mal 4 Tacten. — Die Linken der Gegenpaare hängen den l. Arm ein und schwenken mit einander l.; mit den an Ort gebliebenen Rechten des Gegenpaares schwenken sie bei Einhängen des r. Armes r. u. s. f.

Viereck nach den Letzten.   16 Tacte.

Rad der Nebenpaare.

Je zwei Nebenpaare der Gasse (I) schwenken zur Gegenstellung (II) und die Rechten jedes Paares beginnen den Wechsel.

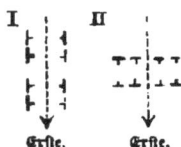

Bei seiner Wiederholung hängen (im 9. Tacte) die l. Führerinnen den l. Arm zum Rade ein u. s. f.

Ziehen (nach Außen und) zum Kreise.

Großer Wechsel: **Kette** mit **Halbring**; s. oben S. 30 und S. 27. — Nach Durchziehung eines Halbkreises bildet sich je aus 4 anderen Reignern ein neuer Ring.

III. Theil des Reigens.

1. Umwickeln.*) 2. Umkreisen. 3. Doppelkette. (S. auch S. 30.)
Viereck nach den Ersten. — 16 Tacte. —

1. Kleiner Wechsel: Umwickeln der Gegenpaare.

a) Aus der Gasse (I) schwenken die Gegenpaare
nach den Ersten mit einer Viertelschwenkung zu
einer Linie von Paaren (II) und zwar in der
Weise, daß die Einnahme dieser Stellung den
Schluß des Zuges im Viereck bildet.

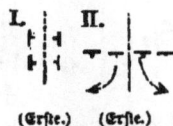

Bei verschränkt bleibenden Armen reihen sich nun mit 2 Dreitritten die inneren Führerinnen der Linien vor den an Ort bleibenden Nebnerinnen vorüber nach außen neben diese; mit weiteren
2 Dreitritten findet ein nochmaliges solches Nebenreihen der jetzigen
inneren Führerinnen jedes Paares statt: ein zweimaliges derar-
tiges Nebenreihen nach innen (zusammen in 4 Tacten) bringt die
erste Stellung beider nebengeordneten Paare (II) zurück. —
2mal 4 Tacte.

b) Für die Wiederholung des Wechsels empfiehlt sich die Kehrtstellung der Linie.

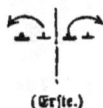

Viereck nach den Letzten.

Umwickeln der Nebenpaare.

a) Nach dem Gegenüberschwenken je zweier Nebenpaare (aus der
Stellung I in die Stellung II) werden die Gegnerinnen (der verschiedenen Paare) bei Vierteldrehung
nach der Mitte der Gasse Nebnerinnen
(Stellung III). — Das Vorüberziehen
und Nebenreihen in diesen „Stirn-
Paaren der Gegner" geschieht nun
zuerst „nach den Ersten". Wer von
den 8 Reignern jedes kleinsten Reigen-
körpers zuerst an Ort zu bleiben hat, deutet unsere Zeichnung III an.

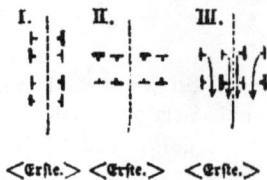

---

*) Spieß sagte „Wickeln"; vergl. S. 17. —

b) Für die Wiederholung der zweimaligen Nebenreihung hin und her (in 2mal 4 Tacten) möge man alle Einzelnen den Rücken nach der Gaſſe kehren laſſen und die erſte Nebenreihung in jedem Stirnpaare der urſprünglichen Gegnerinnen geſchehe „nach den Letzten."

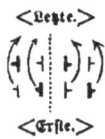

<Letzte.>

<Erſte.>

Viereck nach den Erſten.

2. Kleiner Wechſel. Umkreiſen (Vorüberzwirbeln) der Gegenpaare.

a) Die Einzelnen der Gaſſe (I) machen I. um (II: die einzelnen früheren Gegner ſtehen jetzt alſo ſeitlings rechts gegen einander). — Mit 2 Dreitritten ziehen die Einzelnen rücklings an einander vorüber: am Ende des 1. Dreitrittes r. macht jeder eine Kehrung r. und der zweite Dreitritt geſchieht ſeitwärts links (die Bewegung ähnelt einem Zwirbeln r. mit nur 2 Dreitritten; die Bahn beider um eine gemeinſchaftliche Mitte Ziehender, ſich alſo eigentlich nicht Umkreiſender, bildet auch keinen Kreis, ſondern ein langgeſtrecktes Eirund). Die jetzt wieder rechts ſeitlings zu einander Stehenden kehren mit derſelben Drehbewegung ſeitwärts r. von Ort auf ihre Plätze zurück. — 2mal 2 = 4 Tacte.

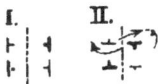

Daſſelbe zweimalige Platzwechſeln mit Dreitrittzwirbeln r. und l. ſeitwärts geſchehe nun mit Vorlings-Vorüberziehen. *)

Andere Ausführung:

Nach dem Vorüberzwirbeln mit 2 Dreitritten mache Jeder an Ort 2 Wiegeſchritte r. und l.; ebenſo nach dem 2. Vorüberzwirbeln; zuſammen 4 Tacte.

Wiederholung des Zwirbelns mit Vornvorüberziehen und 2 Wiegeſchritten an Ort —: zuſammen 4 Tacte.

b) Wiederholung des ganzen (8 Tacte dauernden) Wechſels.

Die urſprünglichen Nebner kehren ſich die r. Seite zu und führen den Wechſel aus.

---

*) Für die urſprüngliche Anordnung dieſes Reigens, bei der jeder kleine Wechſel nur 8 Tacte in Anſpruch nahm, hatte Spieß ſtatt des von mir angegebenen Vorüberziehens derſelben Zwei das Vorüberzwirbeln rücklings von den urſprünglichen Nebnern der Gaſſe ausführen laſſen, nachdem ſie ſich die r. Seite zugekehrt (Stellung II).

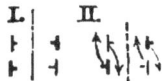

Viereck nach den Letzten.

Vorüberzwirbeln der Nebenpaare.

a) Nach dem Gegenüberschwenken der ursprünglichen Nebenpaare (I) kehren alle Einzelnen die r. Seite einander zu (II) — 8 Tacte.

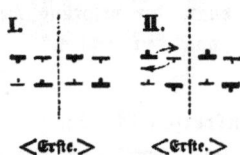

I.   II.

<Erste.>   <Erste.>

b) Wiederholung bei anderer Paarstellung. — 8 Tacte. —

<Erste.>

Ziehen (nach den äußeren Malen von der Gasse aus und) zum Kreise: 8 Tacte.

Großer Wechsel: **Kette** der **Gegner** und **Nebner**. *)

Die Stirnpaare öffnen sich: je 2, wie angegeben, geöffnet stehende Nebner wechseln mit ihren Gegnern bei Reichen der r. Hand (also r. halbkreisend) und ohne Drehung mit 1 Dreitritt ihre Plätze; hierauf wechseln die Nebner selber, die l. Hand sich reichend, l. kreisend mit 1 Dreitritte ebenfalls ihre Plätze, so daß die der Mitte Näheren jetzt in dem äußeren Ringe stehen und umgekehrt. — Die neu entstandenen offenen Gegen= paare verfahren ebenso und so geht die Kette weiter, indem jedes= mal die Gegner bei ihrer Fortbewegung sich die r. Hand reichen, die Nebner die linke; zur Bewegung des ganzen Kreis=Reigenkörpers von Ort trägt nur die Bewegung der Gegner bei; das Platzwechseln der Nebner unterbricht je die eigentliche Fortbewegung aller Reigner.

IV Theil des Reigens.

Doppelschwenken (der Paare). Vier zur Mitte. Kette mit Schwenk= hüpfwalzen.

Viereck nach den Ersten.

1. Wechsel. Doppelschwenken der Gegenpaare.

a) Die Gegenpaare bleiben in der Gasse. Bei Verschränkung der Arme hinter dem Rücken schwenken die Stirnpaare r. um ihre

---

*) Spieß'ens Ausdruck „Doppelkette" ist nicht bezeichnend genug. (S. S. 131 und 121.)

Mitte mit 3 Schlaghopsen und 1 Dreitritt (also in 4 Tacten)
eine ganze Schwenkung, wobei mit r. Anhüpfen Beider die l.
Führerin sich vorwärts, die rechte rückwärts bewegt.*) (Ein
gegenseitiges Anlehnen mit den inneren Schultern erleichtert
den Rebnern ihr Schwenken.) **) — Nach Lösung der
Hände, Kehrung nach Innen und Wiederverschränkung der Arme
(alles dies während des letzten Dreitrittes) schwenken die Rebner
eine ganze Schwenkung l. um ihre Mitte (mit l. Anhüpfen),
ebenfalls in 4 Tacten. — Bei beiden Schwenkungen bewegen sich
dieselben Einzelnen rückwärts und dieselben vorwärts.

b) Für die 8 Tacte der Wiederholung wähle man die
Paarbildung aus den Gegnern, durch Vierteldrehung der
Einzelnen nach den Ersten.

Viereck nach den Letzten.

Doppelschwenken der Rebenpaare.

a) Durch Schwenkung werden die Rebenpaare Gegenpaare (I) und
durch ¼ Drehung der Einzelnen gegen die Mitte A B werden die
früheren Gegner Rebner (II), die als Stirnpaare miteinander r.
und dann nach Umkehrung der Einzelnen links schwenken.

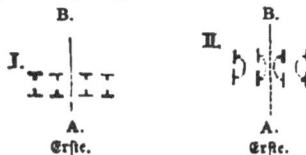

b) Für die nächsten 8 Tacte wähle man die andere Paarbildung (die
durch I angedeutete Stellung).

Eine andere Stellung der mit einander Schwenkenden empfiehlt sich
jedoch noch besser als die obige; Spieß hat sie auch schon gebraucht. Die
Genossen kehren einander nämlich die r. Seite zu und werden, bei einem
kleinen Rückschritt, schräg gegeneinander stehende Gegner;

---

*) Das sogenannte Schlaghopsen im ³/₄ Tact besteht aus 1 Schleifschritt,
1 Aufhüpfen mit dem schleifenden Fuße und einem Niederstellen des anderen
Beines mit Schlag; hüpft man rechts, so schreitet und hopst der r. Fuß, der l.
(beim Hopsen des r. Beines gehobene) Fuß stellt sich hierauf schlagend neben den
r. zur Schlußstellung der Beine.

**) Spieß ordnete eine zweimalige ganze Schwenkung, eine doppelte
Schwenkung, mit 4 Schlaghopsen an —: des leichten Schwindligwerdens wegen
habe ich oben nur eine ganze Schwenkung für die 4 Hüpfe gewählt.

die Linke faßt mit der l. Hand der Anderen Gegenhand (r.) und legt ihre r. Hand an der Gegnerin Gegen=Seite (die l.) oder den Rücken; diese legt ihren l. Unterarm auf den Gegenarm (r.) der anderen und mit r. An= hüpfen schwenkt das Paar r. um seine Mitte. — Diese Fassung ähnelt der Fassung zum einfachen Dreh=Tanze der Paare. — Beim l. Schwenken wechselt die Stellung der Genossen. $\overline{}^{I}_{R}\overset{\text{---}}{}_{L}$; die ursprüng= lich Linke faßt die Andere wieder mit der l. Hand am Rücken und giebt ihre r. Hand der Gegenhand (der l.) der ursprünglich Rechten. —

Viereck nach den Ersten.

2. Wechsel. „Vier zur Mitte": der Gegenpaare.

a) Die Gegenpaare der Gasse (I) bilden durch entsprechende (Achtel und Dreiachtel=) Drehung der Nebner rechts eine schräge Vierung, die l. zur Mitte der Vier (der beiden Gegenpaare) steht (II).

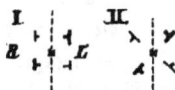

<Erste>

Der Wechsel besteht nun in folgender Freiübung: jede der Vier führt mit großer Bewegung zu der gemeinsamen Mitte (×) hin einen Wiegeschritt l. aus, dessen erster Tritt mit Niederhüpfen dar= gestellt wird (es geschieht also eigentlich ein Sprung r., d. h. mit dem r. Fuße, seitwärts l. auf den l. Fuß; das Niederstellen des l. Fußes gilt als der Seitschritt des Wiegeschrittes und an Ort erfolgen die 2 übrigen Tritte, das Vorstellen r. und das Heben und Senken des l. Fußes); an Ort und Stelle kehrt sich mit 1 Dreitritt jede Einzelne r. um; ein Wiegeschritt l. mit weitem Niederhüpfen beim 1. Tritte führt wieder von der Mitte der Vier ab und mit dem 4. ($^3/_4$) Tacte erfolgt eine nochmalige Kehrung r. — Die Hin= und Herbewegung beansprucht je 2 Tacte; also die Wiederholung beider Bewegungen 8 Tacte.

b) Für die zweite Ausführung des Wechsels mögen die Einzelnen der schrägen Vierung rechts seitlings zu ihrer Mitte stehen: nach jeder Annäherung an die Mitte und jeder Entfernung von derselben geschieht die Kehrung an Ort links.

Viereck nach den Letzten.

„Vier zur Mitte" der Nebenpaare. Die Nebenpaare der Gasse (I)
werden durch ¼ Schwenkung nach innen Nebenpaare (II) und die
4 Einzelnen dieser Gegenpaare kehren in schräger Vierung bei den
ersten 8 Tacten des Wechsels die r. Seiten zur Vierecksmitte (III r.)

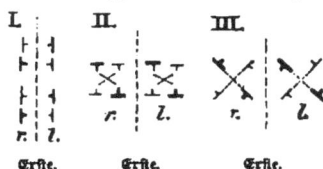

Bei der Wiederholung des Wechsels stellen sich alle wie III l. an=
deutet: die I. Seiten gegen den Mittelpunkt der Vierecke.

Ziehen (nach den äußeren Malen und) zum Kreise.

Kette (im Kreise) mit Schwenkhüpf=walzen.

Die Tanzsprache nennt diesen Rundtanz der Paare, wo nach dem
Schwenkhüpfen je mit Dreitritt an Ort die Paare bald r., bald
l. sich drehen, Polka=Mazurka.

———

Als ein Lied, welches die für einen kleinen Wechsel des Reigens
der S. 121 nöthige Tactzahl enthalte, bezeichnete Spieß oft das Kör=
ner'sche „Gar fröhlich tret' ich in die Welt und grüß' den lichten Tag —",
dessen Weise in Lübeck's (L. U. Beck „Lieder für Deutschlands turnende
Jugend." Brandenburg bei A. Müller 1842 S. 21) steht, wo es vom
„Spessart" heißt: „Gegrüßt seist du, viel lieber Wald u. s. f." die Weise
enthält 16 $^6/_8$ Takte, also auf jeden Vers 16mal 6 = 96 Schritte.

————

Ein einzelnes Blatt bewahrt ferner noch Spieß'ens erste Ent=
würfe zu zweien Liederreigen auf, die von erwachseneren Schülern öfters
geschritten wurden.

Der Inhalt des Blattes lautet:

„NB. Liederreigen, welche noch aufzuzeichnen sind: Zum ersten Mal
versuchsweise geschritten in Gegenwart der schwäbischen Gäste*)
Dienstag 23. Mai 1854.

————

*) Des jetzigen Oberstudienrathes und Directors des Gymnasiums zu Stuttgart,
Dr. Schmid und des Professors Adam, die zu jener Zeit im Auftrage ihrer
Oberbehörde nach Darmstadt gesendet worden waren, um das Spießische Schul-
turnen kennen zu lernen.

Trinklied im Frühling, ital. Volksweise „Silcher I. Heft Nr. 11,
S. 20. 16⁴/₄ [Tacte] = 64 Zeiten.

Der Him-mel lacht, die hei-tren Lüf-te spie-len, der

Früh-ling kehrt zu-rück in sei-ner gold'-nen Pracht! mit

lau-tem Ju-bel-sang sei hier im Küh-len dir,

schö-ner Zeit, ein vol-les Glas ge-bracht; die

Treu' ver-klärt die fröh-li-chen Ge-sich-ter, die

Freu-de woh-net hier in ih-rem Kö-nigs-haus, die

Lieb' ent-flammt die hel-len Früh-lings-lich-ter, und

spannt den blau-en Bo-gen drü-ber aus.

2. Hinaus! hinaus! durch Flur und Wald und Felder
Trägt uns der leichtbeschwingte Fuß im Flug dahin!
Wie glänzen jugendfrisch die jungen Wälder —
Hinaus! hinaus! ihr Freunde laßt uns zieh'n!
Hoch über uns hinaus in weite Ferne
Weithin die Wolken ziehen über Stadt und Land —
Wie zögen wir mit ihnen doch so gerne
Hinaus, hinaus bis an den fernsten Strand!

3. Wie wölbt sich über uns in weitem Raume
   Der hohe Himmelsdom im neuen Frühlingslicht,
   Sich wiederspiegelnd in dem Fluthenschaume,
   Der kräftig seine alten Fesseln bricht. —
   Weit durch den Wald erbraust der Winde Wehen,
   Wie neues Leben aus verlaff'ner, öder Gruft,
   Der Waldbach stürzt sich wieder von den Höhen,
   Nach Auferstehung Alles mächtig ruft.

4. Ihr Vögel singet neue Frühlingslieder!
   Ihr Wälder glänzt, in jugendlichem Schmuck erwacht!
   Ihr Auen grünt, ihr Blumen blühet wieder!
   Erstanden aus der langen Winternacht.
   Das Herz nur bleibe immerdar das alte,
   Es trage Blüthen, die nicht Herbst, nicht Winter bricht:
   An Freiheit, Fröhlichkeit und Treu' es halte
   In eines steten Frühlings hellem Licht! *)

Die Säule der Viererreihen ziehet; eine jede Reihe bestehet aus zwei Nebenpaaren und je eine erste und zweite Viererreihe bildet ein Zusammen für die Wechsel

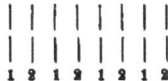

$$\begin{array}{cccccccc} | & | & | & | & | & | & | & | \\ | & | & | & | & | & | & | & | \\ 1 & 2 & 1 & 2 & 1 & 2 & 1 & 2 \end{array}$$

[Turnsprachlich richtig ausgedrückt: der kleinste Reigenkörper, der zur Darstellung dieses Reigens eine genügende Zahl von Paaren, bez. von Einzelnen umfaßt, besteht aus 8 Paaren; diese bilden ein Reihenkörper= Gefüge, und zwar eine Säule von zwei Linien:

$$\begin{array}{cc} \dashv & \vdash \\ \dashv & \vdash \\ \dotsfill \\ \dashv & \vdash \\ \dashv & \vdash \\ 1 & 2 \end{array}$$

jede vermeintliche Viererreihe ist ja eine „Linie" verbundener Paare; stellt man mehrere dieser kleinsten Reigenkörper hintereinander, so bildet der Gesammtreigenkörper eine Säule dieser seiner größten Glieder; siehe meine „Ordnungsüb." S. 135 f. Die Schreitungen zu den 8 Theilen der Verse dieses Liedes hat Spieß nun, wie folgt, kurz angedeutet:]

---

*) Der 2. — 4. Vers sind, wenn ich recht weiß, von einem damaligen Zög-
linge des Darmstädter Gymnasiums, einem Turnschüler Spieß'ens, gedichtet.

1. Die Viererreihen [der ganze Reigenkörper] ziehen vorw. [in
    die Umzugsbahn] mit . . . = 8 Schr.

2. Die Viererreihen [jede aus 2 Stirn-Paaren be-
    stehende Linie] machen um die
    Mitte eine ganze Schw. r. . = 8 Schr.

3. „   „   ziehen [s. Anm. zu 1] vorw. = 8 „

4. „   „   [s. Anm. zu 2] machen um die
    Mitte eine ganze Schw. l. . = 8 „

5. Die Doppelpaare der Zweier ziehen nach Außen
    (Oeffnen und Schließen) vor
    die geschlossenen Einer*) . . = 8 „

6. „   „   der Einer ziehen nach Außen
    (Oeffnen und Schließen) vor
    die geschlossenen Zweier . . = 8 „

7. „   „   der Zweier ziehen nach Außen
    (Oeffnen und Schließen) vor
    die geschlossenen Einer . . = 8 „

8. „   „   der Einer ziehen nach Außen
    (Oeffnen und Schließen) vor
    die geschlossenen Zweier . . = 8 „

                               64 Schr.

NB. Kann auch in der Säule von Paaren geordnet werden.**)

    Auch das Lied: „Wohlauf Kameraden" kann zu diesen Wechseln
geschritten werden."

    Ein anderes einzelnes Blättchen bewahrt (ohne Zeitangabe) noch
eine andere Schreitung zu demselben Liede auf; sie setzt vorerst hinter-
einandergereihete Paare als Reigenkörper voraus und fordert später die

---

    *) Richtig ausgedrückt: die Paare (Reihen) jeder hinteren oder zweiten
Linie reihen sich widergleich nach außen vor die zu ihnen gehörende vordere,
oder erste Linie; besteht jedes größeste Reigenglied aus zwei hintereinander stehenden Stirn-Linien, so gehören alle vorderen Linien des ganzen Reigenkörpers wie
alle hinteren Linien einer Art Rottenverbindung an und man kann alle vorderen
Linien der größesten Reigenglieder ganz wohl „erste Linien", die anderen „zweite
Linien" nennen. Vergl. meine „Ordnungsüb.", Abschn.: Reihenkörper-Gefüge.

    **) Die vermeintliche Säule von Paaren ist vielmehr eine Säule von
kleinen Säulen; jedes größeste Glied des Reigenkörpers ist hier nicht ein Reihenkörper-Gefüge, sondern ein einfacher Zweireihenkörper, aus zwei Paaren bestehend:

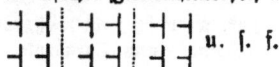

Bildung von Vierer= und Achterreihen; demnach bestehen die größesten
Reigenglieder in diesem Falle aus 8 Einzelnen, die in ihrer Anfangs=
stellung ein Reihenkörpergefüge darstellen:

$$\begin{array}{cc|cc}
\text{–} & \text{↑} & \text{–} & \text{↑} \\
\dashv & \dashv & \dashv & \dashv \\
\dashv & \dashv & \dashv & \dashv
\end{array}$$

nämlich eine Säule zweier „kleinsten Säulen."

Spieß'ens Aufzeichnung lautet nun:

a) Paare [der ganze Reigenkörper] Vorwärtsziehen   4 Schr.
   mit Linkshinterziehen der Paare . . :   4   „
   [d. h. die vorderen Paare jeder „kleinsten Säule"
   reihen sich links hinter die weiterziehenden hinteren
   Paare.]
   Paare vorwärts   4   „
   Linkshinterziehen [der jetzigen vorderen Paare] = 4   „
                                                   ――――――――
                                                   16 Schr.

Viererreihen 8 Schritt vorwärts . . . . . .   8 Schr.
   [d. h. während 4 Zeiten reihen sich bei Vorwärts=
   gehen des ganzen Reigenkörpers die hinteren Reihen
   jeder kleinsten Säule links neben die vorderen
   Reihen, so daß die scheinbar entstehenden Vierer=
   reihen eine „Linie" zweier Paare bilden, welche
   Linie nun 4 Schritte vorwärts weiter zieht.]

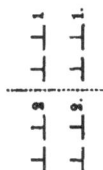

$$\begin{array}{cc}
\dashv & \dashv \\
\dashv & \dashv \\
\hline
\dashv & \dashv \\
\dashv & \dashv
\end{array}$$

4. R. [Viererreihen; richtig: „die vorderen Linien",
   die ersten Linien] l. Hinterziehen   8   „
   Viererreihen [die Säule der hintereinandergereihten
   ersten und zweiten Linien] 8 Schritt vorwärts .   8   „
4. R. Linkshinterziehen [die jetzigen vorderen Linien
   führen die Hinterreihung aus]   8   „
                                                   ――――――――
                                                   32 Schr.

Achterreihen 8 Schritt vorwärts . . . . . . 8 Schritt.
[wie oben geschieht mit 4 Schritten die Nebenreihung der hinteren Linien jedes Reigengliedes
l. neben die vorderen, und zwar während allge-
meiner Fortbewegung, worauf je 8 Rebner noch
4 Schritte mit einander weiter ziehen.]
    4. Reihen nach außen Schwenken . . . . . 8 Schritt.
                                    8 mal 8 Zeiten.

[d. h. die r. stehenden 4 Rebner führen eine
ganze Schwenkung r. um die Mitte, die linken
4 Rebner eine ebensolche Schwenkung l. aus; die
größesten Reigenglieder sind jetzt Linien von Linien:

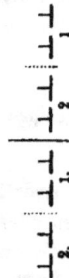

Eine spätere Schreitung, die Spieß zu dem Liede „der Himmel lacht,
die heitren Lüfte spielen" — in der Weise geordnet hat, daß für jeden der
4 Verse andere Bewegungen von den Schülern zu behalten waren, gebe
ich aus meinen Aufzeichnungen, da Spieß selber sie nicht beschrieben.
    Die Reigner bildeten scheinbar eine Säule von Achterreihen, in
der That aber eine Säule von Stirn-Linien, deren jede aus 2 Viererreihen
bestand

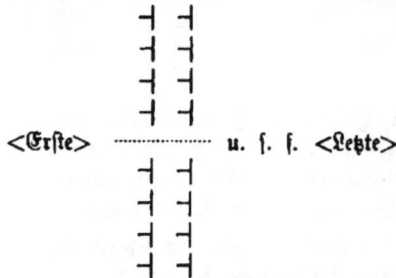

<Erste> - - - - - - - - - - u. s. s. <Letzte>

je 8 Rebner sind nämlich nicht als eine Reihe, sondern als zwei Reihen,
also als ein Reihenkörper aufzufassen.

Schreitung zu dem erften Verfe.

1. „Viereck nach den Letzten" . . . . . 4 mal 8 = 32 Schr.
Der ganze Reigenkörper zog 6 Schritt vorw., mit 2 Schritten führten die in Linie ftehenden Reihen wider-gleich nach außen eine ¼ Schwenkung um die Mitte aus; dies Fortziehen und Schwenken (der r. Reihen r., der l. links) wiederholte fich, bis die Reihen wieder nebeneinander ftanden. Vergl. S. 123.

2. „Oeffnen"; fo fagte man kurz, anftatt: mit Rückwärts-gehen [nicht mit Rückwärtsschwenken*)!!] die „Gaffe" bilden,

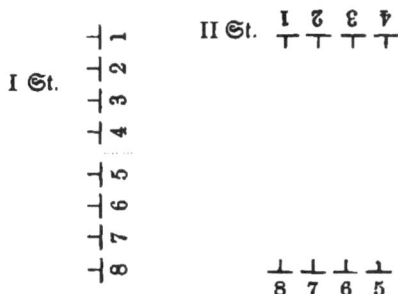

welche Schwenkung um die äußeren Führer nach innen mit 4 Schritten erfolgte, worauf mit 4 weiteren Rückschritten Aller die Gaffe verbreitert wurde . . . . = 8 Schr.
„Schließen nach den Erften"; das foll heißen: 4 Schritte vorwärts gehen und durch ¼ Schwenkung nach den Erften die urfprüngliche Säule des Reigenkörpers wieder herftellen . . . . = 8 „
3. „Oeffnen" und „Schließen nach den Letzten" . . = 16 „
                                                    ‾‾‾‾‾‾‾‾‾
                                                    64 Schr.

Schreitung zu dem zweiten Verfe.

Widergleich mit dem 1. Verfe; also Viereck der „nach den Letzten" Stirn-Habenden nach außen (oder nach den Erften) u. f. f.

---

*) Ein rückwärts Schwenken giebt es eben fo wenig als ein rückwärts Drehen eines Einzelnen; f. meine „Vorschläge zur Einheit in der Kunftsprache des d. Turnens" (Berlin 1861) S. 52 und meine „Ordnungsübungen" S. 43. —

Schreitung zu dem dritten Verse.

1. Oeffnen (Schwenken zur Gasse; Stern r. der Viererreihen;*) Schließen
   (Schwenken) nach den Letzten, 3 mal 8 . . . = 24 Schr.
2. Oeffnen zur Gasse; Stern l.; Schließen nach den
   Ersten; 3 mal 8 . . . . = 24 Schr.
3. Oeffnen zur Gasse; ganze Schwenkung der Reihen
   um die Mitte nach den Letzten, 2 mal 8 . . . = 16 „
   —————
   64 Schr.

Schreitung zum vierten Verse.

1. Schließen nach den Letzten; Stern r. der Viererreihen; Oeffnen zur Gasse, 3 mal 8 . . . . = 24 Schr.
2. Schließen nach den Ersten; Stern l.; Oeffnen zur
   Gasse, 3 mal 8 . . . . = 24 „
3. Schließen nach den Letzten (8 Schr.); ½ Schwenkung um die Mitte nach außen (4 Schr.) und
   4 Schritte an Ort, zusammen . . . . . . 16 „
   —————
   64 Schr.

Einen anderen Text zu dieser italienischen Volksweise finde ich
in dem 5. Hefte der Fr. Krauß'schen Liedersammlung für Knabenschulen
(in Commission bei der Ebner'schen Kunst- und Musikalienhandlung in
Stuttgart 1852) S. 30 unter der Ueberschrift: „Vaterlandslied für
junge Deutsche":

1. Wir grüßen dich mit kindlichen Gefühlen,
   O deutsches Vaterland, mit deinen Bergeshöh'n,
   Mit deinen Quellen, die den Fels bespülen,
   Mit deinem Himmel, herrlich, wunderschön!
   In uns erglüht für dich, du Land der Treue,
   Ein selig Hochgefühl voll kühner Thatenlust,
   Die Treue stets in unserm Volk gedeihe,
   Ihr Tempel sei die junge deutsche Brust.

———————

*) Da der Wechsel „Stern" für Knaben und zumal für ältere Schüler
sich nicht recht zu schicken scheint, so wählt man statt desselben wohl besser eine
Ordnungsübung, die 8 Zeiten dauert, etwa ein Hinterreihen nach den Ersten
(mit 4 Schritten) und eine ¼ Windung der entstehenden Flankenreihen nach den
Ersten oder dergl.; bei dem 4. Verse lasse man in jeder der eine Linie bildenden
2 Viererreihen nach außen vorreihen und ¼ Windung der Viererreihen nach innen
ausführen: natürlich haben am Schlusse ihrer Windung die Flankenreihen sich
durch Viertelsdrehung der Einzelnen zu Stirnreihen umzugestalten, um mit Rückwärtsgehen zur Gasse schwenken zu können.

2. Wir grüßen dich voll Hoffnung künft'ger Tage,
   O theures Vaterland, wir sind ja dir geweiht;
   Welch Loos für uns die ferne Zukunft trage,
   Wir steh'n dereinst für dich zum Kampf bereit!
   O Heldenväter, höret unsre Lieder,
   O höre uns, du altes, herrliches Geschlecht.
   Dir gleich zu werden schwören wir als Brüder,
   Und stets zu lieben Treue, Ehr' und Recht.

3. Wir grüßen dich, du schönstes Land der Erde,
   Wir leben dir, du heißgeliebtes Vaterland!
   Dein Heil, o mög' es auch durch uns dir werden,
   „Heil dir!" sei unser Schwur mit Herz und Hand.
   O Vaterland, so reich an Heldentugend,
   Wir alle wachsen ja zu deinem Schutz heran;
   Des Volkes Kraft erblüht in seiner Jugend:
   Denn aus dem deutschen Knaben wird ein Mann. —

Das oben erwähnte einzelne Blatt, welches zu dem Liede „der Himmel lacht" eine einzelne Schreitung für 64 Schritte enthält, läßt unmittelbar folgen:

„Der Rhein: Es klingt ein hoher Klang"

$$21 \; {}^4/_4 \; [\text{Tacte}] = 84 \; \text{Zeiten.}$$

← 1 2   1 2   1 2   1 2

Zwei Säulen der Viererreihen in Verschränkung [!!] ziehen

1. Die Viererreihen ziehen vorwärts mit . . . . . . 16 Schr.
2. Die Einer ziehen (mit Linksschwenken) links hinter die
    Zweier   16   „
3. Die Viererreihen ziehen vorwärts mit 16   „
4. Die Zweier ziehen links hinter mit 16   „
5. Alle Reihen ganze Schwenkung links = 16 + 4 Schr.
    mit ³/₄ Tact=Schritten [?] am Schluß . . . <u>16 + 4</u>   „
                                               84 Schr.

(oder 8 Schritt vorwärts und ganze Schwenkung l. um
die Mitte = 8 Schritt)

NB. Auch folgende Schreitung:

Eine Säule von Achterreihen in je zwei Viererreihen getheilt und in Linie gestellt ziehen [lies: zieht] durch die Umzugslinie:

1. „ —: es folgt aber auf dem mir vorliegenden Blatte nichts weiter und so mag es den Lesern überlassen bleiben, die von Spieß ge= meinte Schreitung nachzuerfinden.

Zur Erklärung der obenstehenden Angaben bemerke ich: zur Darstellung des Reigens genügt schon eine Säule von nur zwei Viererreihen; werden mehrere solcher Reigenkörper selbst in Säule gestellt, so stehen die gerotteten Reihen der einzelnen Reigenglieder, die vorderen oder ersten und die hinteren oder zweiten Reihen eben so wenig in einander verschränkt, als die einzelnen Einer und Zweier einer Linie von Stirnpaaren! Zu Theil 1 der Schreitung ist zu bemerken: anstatt „die Viererreihen ziehen vorwärts", hieße es besser: der ganze Reigenkörper zieht vorwärts.

„   „   2: die ersten Reihen reihen sich mit Schwenkung l. hinter die zweiten Reihen.

„   „   5: Die ganze Schwenkung ist mit 16 Schritten beendet, 5mal 16 Schritte ergeben aber erst 80 Schritte, also mache man (und so auch am Schlusse der in Klammer stehenden Bewegung von 16 Zeiten Dauer) noch im $^4/_4$ Tact 4 Schritte zum Schlusse —; so ist wohl der Schreibfehler, den ich oben mit dem Fragezeichen angedeutet habe, zu verbessern.

Was andere (von Spieß nicht aufgeschriebene) Schreitungen zu diesem Liede betrifft, so finde ich unter meinen Aufzeichnungen nur noch eine, die als größeste Reigenglieder Reihenkörper von je 2 Viererreihen voraussetzt; die Schreitung hat folgenden Verlauf:

1. Der ganze Reigenkörper, die „Flanken=Linie" aller kleineren Flanken=Linien (deren jede aus 8 Hintern besteht) zieht scheinbar als eine Flankenreihe Einzelner 8 Schritte vorwärts; mit weiteren 8 Schritten wandelt sich durch l. Nebenreihen jede Flanken=Viererreihe in eine Stirnreihe um; zusammen . . . . 16 Schr.

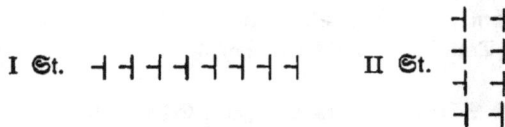

I St.   ⊣⊣⊣⊣⊣⊣⊣⊣   II St.   ⊣⊣ ⊣⊣ ⊣⊣ ⊣⊣

2. 2maliges l. Hinterreihen in jeder Säule zweier Viererreihen, zusammen 16   „
(Zuerst die vordere Reihe mit 8 Schritten, dann die früher hintere Reihe mit ebensoviel Schritten.)

3. Zweimaliges „Durchziehen" der hinteren Reihe jeder Säule, zusammen 16   „

10

Unter „Durchziehen" sollte ein Vorreihen der hinteren Linie jeder Säule mittelst einfachen Vorwärtsgehens bei Oeffnen der vorderen Linie in der Weise verstanden werden, daß das r. Paar r., das linke Paar links seitwärts zog und sich der Reihenkörper darauf wieder schloß:

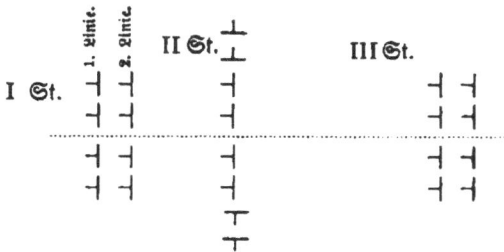

Die vorderen Paare öffneten ihre Stellung I nach einer ¼ Drehung mit Vorwärtsgehen (St. II) und schlossen sich ebenso nach einer Kehrung mit Vorwärtsgehen (zur St. III).

Man sieht also, wir haben es hier nicht mit einfachen „Viererreihen", sondern mit kleinsten Reihenkörpern zu thun; bei dem Oeffnen der vorderen Linie reihet sich die geschlossen bleibende hintere Linie vor und dasselbe thut darauf die jetzige hintere Linie der Nebenpaare bei Oeffnen und Schließen des vorderen Reihenkörpers; gleich bei Anfang der Schreitung hat also eine genauere Auffassung die 8 Hintner der S. 145, wie folgt, anzusehen:

vordere | hintere
Flankenlinie
ein Reihenkörper=Gefüge.

4. Die hinteren Stirn=Linien (aus vier Nebnern bestehend) jedes größten Reigengliedes reihen sich I. neben die vorderen Linien (St. I S. 147), so daß je 8 Einzelne nebeneinander stehen (8 Schritt); hierauf ganze Schwenkung der nebengereiheten Linien (der r. wie der l.) um ihre Mitten l. mit 8 Schritten, zusammen . . . . 16 Schr.

St. I   r. Linie.

l. Linie.

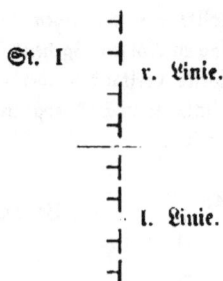

5. Die Säule der Ordnungen von 8 Nebnern zieht 8 Schritte vorwärts; hierauf ganze Schwenkung der r. und l. Linien noch einmal l., wie bei 4., und Umwandlung der Ordnung der 8 Nebner durch r. Hinterreihung von Einzelnen und Reihen zu der Ordnung von 8 Hintnern, die wir bei 3. erklärt haben, so daß schließlich die scheinbare Flankenreihe Aller wieder entsteht . . . . . . 16 + 4 Schr.

Zusammen 84 Schr.

Um die von Spieß componirten Lieder der Vergessenheit zu entreißen; gebe ich dieselben den Lesern an dieser Stelle gesammelt; mögen sie mit den hier angereihten Liedern, die Spieß öfters beim Unterricht verwendete, und mit den weiter von mir hinzugefügten, auf die ich aufmerksam zu machen mir erlaube, unsern Lesern als Terte zu neuen Lieder-reigen-schreitungen eigener Zusammenstellung dienen.

Die in Fr. Reiff's Singbuch für Schule und Haus (Frankfurt a. M. Suchsland, I. Abth. S. 2) aufgenommene Weise zu dem Liede: „Andacht in der Natur" entstand in Basel bei dem Mädchenturnen.

Spieß hatte die Begabung, wenn er irgend eine Schritt- oder Hüpfübung anordnete, mochte sie eine größere oder geringere Anzahl Tacte des geraden oder ungeraden Tactes für sich beanspruchen, daß er alsbald eine passende Melodie von der gewünschten Ausdehnung seiner bei dem Unterrichte verwendeten Geige entlocken konnte; so begleitete er einmal in meiner Gegenwart das Schottischhüpfen einer Schülerinnenklasse mit den in Rede stehenden Tönen, die auf meinen Wunsch festgehalten wurden; ich gebe sie nach Spieß'ens eigenhändiger Aufzeichnung vom „Mittwoch (so!) 3. Dezember 1845."

Wanderschritt.

Die Worte, die ich noch in Basel dieser Weise unterzulegen versuchte, eine Aufforderung zur Turnfahrt, stehen abgedruckt in der Zeitschrift „Turner" vom Jahre 1848 S. 295 f.

Es scheint, als ob die Weise zu dem obigen Liede „Hinaus mit Sang und Klang —" (S. 73) für Spieß sich ebenso aus dem Unterrichte selber ergeben hat; anders verhält es sich mit der folgenden Weise Spießischer Erfindung, für die mir eine Originalaufzeichnung von Spieß'ens Hand nicht vorliegt, die ich demnach nur aus dem Gedächtniß wiedergebe.

Der schwedische Hauptmann und Turnlehrer an der Universität zu Lund, Nybläus, verweilte im Jahre 1852 längere Zeit in Darmstadt, um das Schulturnwesen kennen zu lernen; als werther Gast in Spieß'ens Hause trug er, als ich auch einmal wieder auf einige Tage dort zu Besuch war, auf unsern Wunsch, schwedische Laute und Worte zu hören, ein Gedicht in schwedischer Sprache vor, das ich mit seiner Hilfe zu verdeutschen versuchte, und das Spieß am 8. September 1852 in meiner Gegenwart in Noten setzte, ein, wie wir später erfuhren, von Nybläus, der dem Dalekarlischen Regiment angehörte, selbst gedichtetes Loblied auf Dalekarlien.

Dalekarlensang.*)

Ich weiß ein Land, weit hin   im   hoh-en Nord, nicht warm und

reich wie Südens schö-ne Lan-de; doch für die Heimath klopfen Her-zen

*) Dalekarlen, Thalkerle = Thalbewohner.

dort und Mannheit wohnt an Sil-jan's grünem Strande.   In

düst'rer Schönheit sau-sen Wäl - der dort und Strö-me brausend zieh'n von

Ort zu Ort;   ein herr-lich Land, du gu - tes Volk im Thal, wer

je dich sah, sehnt hin sich noch ein-mal,   hin sich noch ein-mal.

> 2. Wohl heult der Nord bisweilen rauh durch's Land
>   An nackter Berge steilen Felsenrippen,
> Doch führt' er auch an Mora's Friedhofswand
>   Die Worte, die entströmten Wasa's Lippen:
> Und schallen kann noch leicht in spätrer Zeit
> Des freien Thalvolks freud'ger Ruf zum Streit;
>   Ein herrlich Land, du tapfres Volk im Thal —
>   Wer je dich sah, sehnt hin sich noch einmal! —
>
> 3. Und wenn der Zwietracht Geist die Welt durchtobt,
>   Zorn trennt und Haß, die eng sich sonst umschlungen;
> Der Thalmann seiner Heimath Frieden lobt,
>   Lebt froh in seines Volks Erinnerungen.
> Doch kommt einmal ein Kampf, der Ernstes werth,
> Sein Wort einsetzt er, und zuletzt das Schwert:
>   Ein herrlich Land, du starkes Volk vom Thal —
>   Wer je dich sah, sehnt hin sich noch einmal!
>
> 4. Auf's Wohl der Swea*) denn, stoß, Bruder, an,
>   Auf alles, was du liebest, laß uns trinken:
> Mit Leib und Seel' für's Vaterland sei Mann,
>   Die Treue laß zu Fürst, zur Braut nicht sinken.
> Und wenn zuletzt du schläfst in Frieden nun,
> Mag in dem Thalland deine Asche ruh'n. —
>   Ein herrlich Land, du treues Volk im Thal —:
>   Wer je dich sah, sehnt hin sich noch einmal. —

Ob die nicht ganz beendete Weise zu dem folgenden „Wanderliede"
sich auch von Spieß herschreibt, weiß ich nicht; sie findet sich aber dem

─────────────

*) D. i. Schwedens.

von einer anderen Hand geschriebenen Texte in der Weise von Spieß'ens Hand hinzugefügt, daß sie als eine erste flüchtige Aufzeichnung in ganz kleinen Noten erscheinen kann; mit meiner Ergänzung der Wiederholung des letzten Theiles lautet sie also: *)

Auf! greift zum Wander - sta - be: seht, wie die Son - ne lacht!

mit Wand'rers leich - ter Ha - be   hin - aus in Got - tes Pracht; mit

Wand'rers leich - ter Ha - be   hin - aus in Got - tes Pracht;**) mit

Wand'rers leich - ter Ha - be   hin - aus   in Got - tes Pracht.

2. Weg aus der Straßen Enge
   Zieh'n wir durch Wald und Feld,
   Und senden Jubelsänge
   Hinauf zum blauen Zelt.

3. Weit über schroffe Höhen
   Flieh'n wir mit raschem Schwung —
   Schnell, wie mit Windes Wehen,
   Trägt uns der kühne Sprung.

4. Weit seh'n wir in die Ferne,
   Weit, weit hinaus in's Land;
   Wie zögen wir so gerne
   Bis an den fernsten Strand.

5. Vom Berge seh'n wir nieder
   Auch in das Heimaththal;
   Wir singen Abschiedslieder:
   Viel Grüße tausendmal! —

---

*) Im 6. Takte hat Spieß g als halbe Note; seine Aufzeichnung endet überhaupt mit dem 12. Tacte.

**) Oder wäre es nicht besser, die Worte des 1. Theiles zu wiederholen: „Auf! greift zum Wanderstabe; seht, wie die Sonne lacht!" — ?

Ein anderes von Spieß häufig bei dem Mädchenturnen verwendetes Lied des Schotten Burns geht nach einer schottischen Weise; das Lied lautet (in Freiligrath's Uebersetzung):

Das Hochland.

Mäßig, betont.

mf

B. 1 u. 4. Mein Herz ist im Hoch = land, mein Herz ist nicht
2. Mein Nor - den, mein Hoch - land, lebt wohl, ich muß
3. Lebt wohl ihr Ge - bir - ge mit Häup - tern voll

1 u. 4. hier! mein Herz ist im Hoch - land, im wald' - gen Re -
2. zieh'n; du Wie - ge von Al - tem, was stark und was
3. Schnee! ihr Schluch - ten, ihr Thä - ler, du schäu - men - der

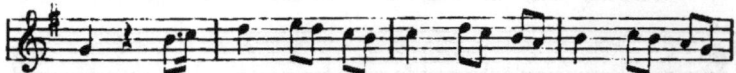

1 u. 4. vier! Da jag' ich das Roth - wild, da folg' ich dem
2. kühl! Doch, wo ich auch wand' - re und wo ich auch
3. See; ihr Wäl - der, ihr Klip - pen, so grau und be -

p *cresc.*

1 u. 4. Reh; mein Herz ist im Hoch - land, wo im - mer ich geh'!
2. bin, nach den Hü - geln des Hoch - lands steht all - zeit mein Sinn.
3. moost, ihr Strö - me, die zor - nig durch Fel - sen ihr tof't!

Folgende andere Weise für dieses Lied aus einem deutschen Liederbuche halte ich noch für mittheilenswerth:

Mäßig.

Mein Herz ist im Hoch-land, mein Herz ist nicht hier! mein

Herz ist im Hoch-land, im wald' - gen Re - vier. Da jag' ich das

Roth = wild, da folg' ich dem Reh, mein Herz ist im

Hoch = land, wo im = mer ich geh'!

Hieran reihe sich ein „neapolitanisches Lied", dessen Weise und Worte sich in Spieß'ens Nachlaß finden. Die Worte heißen:

    1. Seid gegrüßt, o ihr Gefilde,
        Wo Natur so prachtvoll thront,
        Wo in ungetrübter Milde
        Das Entzücken ringsum wohnt.

    2. Wo der Schmerz mit Leid verschwistert
        In der Liebe Klage tönt,
        Wo die Hoffnung lieblich flüstert,
        Jedes Glück die Welt verschönt.

    3. Sei gegrüßt, du Land der Wonne,
        Sei gegrüßt, du Land der Sonne,
        Land, wo in der heit'ren Melodie
        Schmelzet stets die Phantasie.*)

Zu der schönen Weise, die jetzt folgt, hat Dr. Weißmann für seinen Mädchenturnunterricht die untenstehenden Worte gedichtet:

Mäßig.

In der Welt ist vie = le Won = ne für uns allwärts aus = ge =

streut, wie das Licht der lie = ben Son = ne Se = gen al = len Flu = ren

*) Die Weise fordert, daß die Worte jedes Verses zweimal gesungen werden; bei der Wiederholung kann man die Zeilenpaare auch umstellen! —

beut. Seht die Blu=men, wie sie sprie=ßen, seht die Bäch=lein, wie sie

flie=ßen; Al = les ruft zur Lust uns auf! Al=les ruft zur Lust uns auf.

2. Doch die höchste Freude blühet
   In der Freundschaft heiterm Bund,
   Wenn ein Herz für's and're glühet,
   Wort und That nur Lieb' macht kund;
   Im Vereine so zu streben,
   Im Vereine so zu leben,
   Ist doch unser höchstes Glück. :,:

3. Drum vereinet kommt zum Reigen,
   Laßt uns fügen Hand in Hand,
   Laßt mit Sang und Tanz uns zeigen,
   Wie uns eint der Freundschaft Band:
   Wie die Hände sich verschlingen,
   Wie die Tön' in Eins verklingen,
   Sind die Herzen treu vereint! :,:

Einige Canon's (Folgelieder) gebe ich schließlich noch als Grund=
lage für Schreitungen, die unsere Leser selber wählen mögen und zwar
zuerst Canon's **im geraden Takt:***)

a) für **drei Stimmen:**

1.

Ich bin fröh=lich; willst Du mit mir fröh = lich sein? Du bist

fröh = lich, ich will mit Dir fröh = lich sein; Ihr seid fröh = lich,

mit Euch will ich fröh = lich sein!

---

*) Ein ganzes Heftchen „Canon's" von H. M. Schletterer (bei Beck in
Nördlingen 1866 erschienen) enthält auch einige hübsche zweistimmige Canon's,
die sich ebenfalls zu Schreitungen eignen.

Reigen von A. Spieß.

2.

Schön und lieb-lich ist ei-ner Stimme Har-mo-nie; doch die zwei-te ver-bes-sert und ver-schö-nert sie; doch noch weit lieb-li-cher ist drei-er Stim-men Har-mo-nie!

3.

Arm und klein ist mei-ne Hütte, doch ein Sitz der Fröh-lich-keit; woh-net nur in uns'-rer Mit-te in-ni-ge Zu-frie-den-heit; häus-li-che Ge-nüg-sam-keit; in-ni-ge Zu-frie-den-heit.

4.

Den Tag zu voll-brin-gen in Ar-beit und Freu-de; dem Näch-sten zu hel-fen in Noth und im Lei-de, bringt fröh-li-chen A-bend, giebt nächt-li-che Ruh'.

b) für vier Stimmen:

1.

Nicht zu reich und nicht zu arm, nicht zu kalt und nicht zu warm;

nicht zu groß und nicht zu klein — keins von Al - len möcht ich sein!

2.

Nicht lang = e mehr ist's Winter, schon wärmt der Son=ne Schein; bald

kehrt mit schö=nern Ta = gen der Früh=ling bei uns ein; im

Feld singt dann die Ler = che, der Kuk=kuk ruft im Hain, Kuk=

kuk, Kuk = kuk, Kuk = kuk, Kuk = kuk, Kuk = kuk.*)

Der nicht umfangreiche vierstimmige Canon, den ich jetzt folgen lasse, mag zur Fortbewegung einer Säule von Viererreihen mit 4 Gang= und 8 Laufschritten in der Weise benutzt werden, daß die Einer be= ginnen, nach 2 Zeiten die Zweier u. s. f.

Rein und sich = er muß des Sän = gers Stim = me sein.
[Fest und sich = er geh'n und lau = fen wir im Takt.]

*) Oder statt der drei letzten Worte: „Kommt in den Wald hinein,“ — oder dergl.

Canon's im ungeraden Takt:

a) dreistimmige:

1.

Silcher.

Nach der Ar = beit ist gut ruh'n, nach der Ar = beit

ist gut ruh'n. Nach der Ar = beit ist gut ruh'n,

nach der Ar = beit ist gut ruh'n. Nach der Ar = beit

ist gut ruh'n, nach der Ar = beit ist gut ruh'n.

2.

Wenn des Ta = ges Last vor = ü = ber, Last vor = ü = ber,

ei = len wir zu heit' = ren Spie = len, heit' = ren Spie = len,

Hand in Hand; froh ver = eint; Hand in Hand. *)

Oder der 3. Theil:

u. s. f.

*) So änderte ich die bekannten Worte ab: „O wie wohl ist's mir am Abend, wenn zur Ruh' die Glocken läuten, bim, bam! —"

b) vierstimmig:

Auf, bre = chet heu = te Blu=men der Freu = de; mor = gen, ach

mor = gen kom=men wohl Sor=gen!

Wohl mit der Absicht, Schreitungen zu ihnen anzuordnen, hat Spieß auf ein einzelnes Blatt folgende zwei Canon's aufgeschrieben:

Horch es singt der Glock = en = ton von der Ar = beit

sü = ßem Lohn: Fei = er = a = bend!

Der Früh=ling kehrt wie=der, es la = det der Hain, das

Veil = chen im Tha = le, zur Freu = de uns ein!

Die Ordnungsübungen

des

deutschen Schulturnens.

Mit einem Anhang:

Die griechisch-makedonische Elementartaktik

und das

Pilumwerfen

auf den deutschen Schulturnplätzen.

Von

Dr. Karl Wassmannsdorff.

Mit erklärenden Zeichnungen.

Gr. 8. 1868. Geh. Rthlr. 1. 10. Sgr. fl. 2. 20 kr.

Wir verweisen auf die ausführlichen überaus günstigen Besprechungen der „Allgemeinen Schulzeitung" 1868 No. 16 und der „Jahrbücher für Turnkunst" XIV. 2. Erstere beginnt mit den Worten: „Dieses Buch anzukündigen und der Lehrerwelt, namentlich den Lehrern, die auch Turnunterricht geben oder geben wollen, zu empfehlen ist ein Vergnügen." Letztere sagt im Eingang: „Gar wohlthuend ist es, wenn dem erfahrenen Turnlehrer ein solches Buch in die Hand kommt und eine reine, selbstlose Freude erfüllt ihn zu sehen, wie damit wieder ein Fortschritt geschehen, den Strebenden wieder ein Förderungsmittel geboten ist" — und schließt mit dem Wunsche: „es möchten recht viele unserer Lehrer an mittleren und höheren Schulen, die nicht Turnlehrer von Fach sind, das in vorliegendem Buche gebotene treffliche Hülfsmittel benutzen, um sich in die Ordnungslehre gehörig hineinzustudiren und sich so wenigstens zur Leitung der turnerischen Ordnungsübungen ihrer Klasse zu befähigen!"

Deutschland
während der Reformation.

Von

Dr. E. F. Souchay,

Verfasser der „Geschichte der deutschen Monarchie" in 4 Bänden.

Gr. 8°. 1868. Geh. Rthlr. 2. 12. Sgr. fl. 4. 12 kr.

Der Verfasser sagt in der Vorrede: „Es ist kein vergebliches Bemühen, der Entstehung und Entwickelung einer neuen Weltlage, in welcher die seit Constantin bis Carl V. bestandene Einheit der christlichen Kirche zerrissen worden ist, nochmals nachzudenken". Ein erhöhtes Interesse erhält das vorliegende Werk gerade im gegenwärtigen Augenblicke, wo durch die Enthüllung des großartigen Luther-Denkmals in Worms die allgemeine Aufmerksamkeit von neuem auf den großen Reformator und seine Zeit gerichtet ist.

Frankfurt a. M., Juni 1868.   J. D. Sauerländer's Verlag.

www.ingramcontent.com/pod-product-compliance
Lightning Source LLC
Chambersburg PA
CBHW020549270326
41927CB00006B/776